信息化背景下高校思想政治理论课教学研究

杨非 张敏 著

北京理工大学出版社
BEIJING INSTITUTE OF TECHNOLOGY PRESS

版权专有　侵权必究

图书在版编目（CIP）数据

信息化背景下高校思想政治理论课教学研究／杨非，张敏著. —— 北京：北京理工大学出版社，2019.8
ISBN 978-7-5682-6521-8

Ⅰ. ①信… Ⅱ. ①杨… ②张… Ⅲ. ①高等学校–思想政治教育–教学研究–中国 Ⅳ. ①G641

中国版本图书馆 CIP 数据核字（2018）第 278270 号

出版发行 /	北京理工大学出版社有限责任公司
社　　址 /	北京市海淀区中关村南大街 5 号
邮　　编 /	100081
电　　话 /	（010）68914775（总编室）
	（010）82562903（教材售后服务热线）
	（010）68948351（其他图书服务热线）
网　　址 /	http：//www.bitpress.com.cn
经　　销 /	全国各地新华书店
印　　刷 /	三河市文通印刷包装有限公司
开　　本 /	710 毫米 × 1000 毫米　1/16
印　　张 /	11	责任编辑 / 李玉昌
字　　数 /	210 千字	文案编辑 / 韩　泽
版　　次 /	2019 年 8 月第 1 版　2019 年 8 月第 1 次印刷	责任校对 / 周瑞红
定　　价 /	60.00 元	责任印制 / 李　洋

图书出现印装质量问题，请拨打售后服务热线，本社负责调换

前　言

高校肩负着学习研究宣传马克思主义、培养中国特色社会主义事业建设者和接班人的重大任务。思想政治理论课是巩固马克思主义在高校意识形态领域指导地位、坚持社会主义办学方向的重要阵地，是全面贯彻落实党的教育方针、培养中国特色社会主义事业合格建设者和可靠接班人、落实立德树人根本任务的主干渠道，是进行社会主义核心价值观教育、帮助大学生树立正确世界观人生观价值观的核心课程。提升高校思想政治理论课教学方法和艺术，增强思想政治理论课教学效果，事关意识形态工作大局，事关中国特色社会主义事业后继有人，事关实现中华民族伟大复兴的中国梦，必须始终摆在突出位置，持之以恒、常抓不懈。

2018年5月，教育部部长陈宝生在全国高校思想政治理论课2018年版教材使用培训班开班仪式中要求，深刻认识思想政治理论课"三进"（进教材、进课堂、进头脑）的含义及其重要性，切实做好"三进"工作，从时间上、空间上、方法上、工作上、思想上确保党的最新理论成果，特别是习近平新时代中国特色社会主义思想和党的十九大精神的"三进"，做到过程和阶段的统一、范围和状态的统一、方法和效果的统一、使命和责任的统一、感情和行动的统一。

本书旨在探讨当前信息化背景下，如何开展高校思想政治理论课教学研究与实践。主要围绕高校思想政治理论课课程分析、教学现状、教学设计、课堂教学、信息化教学、实践教学、教学考核、教学竞赛、教学研究九个方面的问题，结合2018年版高校思想政治理论课新教材的实际内容，提出思考与建议，与各位同仁一起商榷。囿于时间和水平有限，不足之处，请不吝赐教。

目 录

第一章　课程分析 ………………………………………… (001)
　　一、21世纪以来高校思想政治理论课的历史演变 …………… (001)
　　二、高校思想政治理论课的特点 ……………………………… (002)
　　三、高校思想政治理论课教学的价值 ………………………… (005)

第二章　教学现状 ………………………………………… (010)
　　一、大学生眼中的思想政治理论课教学 ……………………… (010)
　　二、思想政治理论课教学存在的主要问题 …………………… (016)
　　三、信息化时代思想政治理论课面临的挑战与机遇 ………… (020)

第三章　教学设计 ………………………………………… (024)
　　一、思想政治理论课课程标准 ………………………………… (024)
　　二、思想政治理论课授课计划 ………………………………… (033)
　　三、思想政治理论课教案撰写 ………………………………… (036)
　　四、思想政治理论课课件制作 ………………………………… (045)

第四章　课堂教学 ………………………………………… (049)
　　一、思想政治理论课新课导入 ………………………………… (049)
　　二、思想政治理论课教学方法 ………………………………… (054)
　　三、思想政治理论课课堂管理 ………………………………… (062)
　　四、思想政治理论课教学反思 ………………………………… (067)

第五章　信息化教学 ……………………………………… (070)
　　一、思想政治理论课信息化教学的内涵及目标 ……………… (070)
　　二、信息化教学相对于传统教学的优势 ……………………… (071)
　　三、思想政治理论课信息化教学现状分析 …………………… (072)
　　四、思想政治理论课信息化教学资源建设 …………………… (075)
　　五、思想政治理论课信息化教学实践 ………………………… (082)

六、思想政治理论课教师信息化教学能力培养 …………………（088）

第六章　实践教学 ……………………………………………（092）
　　一、思想政治理论课实践教学的意义 …………………………（092）
　　二、思想政治理论课实践教学存在的问题 ……………………（095）
　　三、加强思想政治理论课实践教学的路径 ……………………（097）

第七章　教学考核 ……………………………………………（110）
　　一、思想政治理论课教学绩效考核环境建设 …………………（110）
　　二、思想政治理论课教学绩效指标 ……………………………（114）
　　三、加强高校思想政治理论课教学绩效考核的途径 …………（118）

第八章　教学竞赛 ……………………………………………（121）
　　一、理性看竞赛 …………………………………………………（121）
　　二、组建教学竞赛团队 …………………………………………（125）
　　三、思想政治理论课教学竞赛实例 ……………………………（126）

第九章　教学研究 ……………………………………………（145）
　　一、思想政治理论课教学研究的必要性 ………………………（145）
　　二、思想政治理论课教学研究的途径 …………………………（150）
　　三、思想政治理论课教学研究实例 ……………………………（157）

参考文献 ………………………………………………………（161）

第一章
课程分析

21世纪以来，高校思想政治理论课设置历经两次重大调整，从98方案发展到05方案。2016年习近平总书记在全国高校思想政治工作会议上发表的重要讲话，对高校思想政治理论课提出了"要坚持在改进中加强"的总体要求，高校思想政治理论课在与时俱进的发展过程中，不断完善。

一、21世纪以来高校思想政治理论课的历史演变

（一）98方案课程设置

1998年6月，中宣部、教育部关于印发《关于普通高等学校"两课"课程设置的规定及其实施工作的意见》的通知，对普通高等学校马克思主义理论课和思想品德课（简称"两课"）的课程设置做出了明确规定。

1. 专科的课程设置

二年制专科马克思主义理论课：
（1）"马克思主义哲学原理"（36学时）；
（2）"邓小平理论概论"（64学时）。
三年制专科马克思主义理论课：
（1）"马克思主义哲学原理"（50学时）；
（2）"毛泽东思想概论"（40学时）；
（3）"邓小平理论概论"（60学时）。
二年制和三年制专科思想品德课：
（1）"思想道德修养"（40学时）；
（2）"法律基础"（28学时）。

2. 本科的课程设置

本科马克思主义理论课：
（1）"马克思主义哲学原理"（54学时）；
（2）"马克思主义政治经济学原理"（理工类40学时；文科类36学时）；
（3）"毛泽东思想概论"（理工类36学时；文科类54学时）；

（4）"邓小平理论概论"（70学时）；

（5）"当代世界经济与政治"（文科类开设，36学时）。

本科思想品德课：

（1）"思想道德修养"（51学时）；

（2）"法律基础"（34学时）。

"职业道德"课，除师范、医学等一些特殊专业要作为专业基础课纳入教学计划外，其他专业可作为选修课或作为"思想道德修养"课的一部分安排教学。

（二）05方案课程设置

2005年3月，为深入贯彻《中共中央国务院关于进一步加强和改进大学生思想政治教育的意见》（中发〔2004〕16号）精神，做好《中共中央宣传部教育部关于进一步加强和改进高等学校思想政治理论课的意见》（教社政〔2005〕5号）的实施工作，中共中央宣传部、教育部印发了《〈中共中央宣传部教育部关于进一步加强和改进高等学校思想政治理论课的意见〉实施方案》，规定三年制专科开设"毛泽东思想、邓小平理论和'三个代表'重要思想概论""思想道德修养与法律基础"。具体课程内容及学时安排如下：

1. 本科课程设置

4门必修课：

（1）马克思主义基本原理（3学分）；

（2）毛泽东思想、邓小平理论和"三个代表"重要思想概论（6学分）；

（3）中国近现代史纲要（2学分）；

（4）思想道德修养与法律基础（3学分）。

另外，开设"当代世界经济与政治"等选修课。

2. 专科课程设置

2门必修课：

（1）毛泽东思想、邓小平理论和"三个代表"重要思想概论（4学分）；

（2）思想道德修养与法律基础（3学分）。

本、专科学生都要开设"形势与政策"课，本科2学分，专科1学分。有关具体要求按照《中共中央宣传部教育部关于进一步加强和改进高等学校学生形势与政策教育的通知》（教社政〔2004〕13号）规定执行。

二、高校思想政治理论课的特点

（一）高度的使命感

党的十九大指出，要全面贯彻党的教育方针，落实立德树人根本任务。习近平总书记在全国高校思想政治工作会议上强调，要教育引导学生正确认识世界和中国发展大势，从我们党探索中国特色社会主义历史发展和伟大实践中，认识和把握人类社会发展的历史必然性，认识和把握中国特色社会主义的历史必然性，不断树立为共产主义远大理想和中国特色社会主义共同理想而奋斗的信念和信心；正确认识中国特色和国际比较，全面客观认识当代中国、看待外部世界；正确认识时代责任和历史使命，用中国梦激扬青春梦，为学生点亮理想的灯、照亮前行的路，激励学生自觉把个人的理想追求融入国家和民族的事业中，勇做走在时代前列的奋进者、开拓者；正确认识远大抱负和脚踏实地，珍惜韶华、脚踏实地，把远大抱负落实到实际行动中，让勤奋学习成为青春飞扬的动力，让增长本领成为青春搏击的能量。[①]

2018 年教育部印发的《新时代高校思想政治理论课教学工作基本要求》指出，思想政治理论课承担着对大学生进行系统的马克思主义理论教育的任务，是巩固马克思主义在高校意识形态领域指导地位、坚持社会主义办学方向的重要阵地，是全面贯彻党的教育方针、落实立德树人根本任务的主渠道和核心课程，是加强和改进高校思想政治工作、实现高等教育内涵式发展的灵魂课程。

思想政治理论课相对于其他课程，不仅是每一位大学生的必修课程，而且具有高度的使命感。在当前高校所设的课程中，没有一门课程的设置像思想政治理论课这样受到党中央高度重视，中央政治局常委会专门研究部署了高校思想政治理论课工作，对课程设置、教材编写、学时安排等做出明确规定。因此，思想政治理论课高度的使命感决定了思想政治理论课在高校课程体系中与众不同的特殊性。高校思想政治理论课应正确认识时代责任和历史使命，在落实立德树人根本任务方面发挥独特作用。

（二）理论结合实际

习近平总书记提出：“我们一定要以我国改革开放和现代化建设的实际问题、以我们正在做的事情为中心，着眼于马克思主义理论的运用，着眼于对实际问题的理论思考，着眼于新的实践和新的发展。”马克思主义中国化就是把马克思主义基本原理同中国具体实际和时代特征结合起来，运用马克思主义的立场、观点、方法研究和解决中国革命、建设、改革中的实际问题。思想政治理论课从课程性质上看是一门理论课，但理论来源于实践。因此，随着世界局势、国家发展、党的建设等方面的不断变化，理论联系实际是思想政治理论课教学的基本方法。思想政治理论课需紧密结合实际帮助大学生正确认识马克思主义理论，帮助

---

① 新华社. 习近平：把思想政治工作贯穿教育教学全过程 [EB/OL]. http://www.xinhuanet.com/politics/2016 - 12/08/c_1120082577. htm, 2016 - 12 - 08.

大学生深刻理解中国特色社会主义理论，帮助大学生科学面对当今各种社会思潮。如果思想政治理论课脱离实际，只是从理论到理论，照本宣科，教条主义、形式主义盛行，将无法有效调动大学生的学习兴趣。

与此同时，思想政治理论课需理论结合实际解决大学生的实际问题。思想政治理论课教学和其他专业课教学的一个显著不同，就是要引导大学生能够合理运用马克思主义基本原理和方法来分析和解决实际问题。例如，只有结合半殖民地半封建社会的近代史，讲清中国各阶级、各政党为挽救民族危机进行的各种道路的探索，大学生才能真正理解中国人民站起来是多么的不易，才能真正理解为什么没有共产党就没有新中国，才能理解历史和人民为什么选择中国共产党；只有结合改革开放以来的伟大成就，特别是人民生活水平的显著提升，大学生才能切实体会为什么要改革开放，体会到社会主义制度的优越性，才能坚定中国特色社会主义道路自信；只有结合人民思想观念的发展变化，乃至存在的各种思想问题，大学生才能明白培育和践行社会主义核心价值观的紧迫性，才能明白中国特色社会主义文化建设的重要性。思想政治理论课只有贴近学生生活实际、思想实际，注重发现问题、探讨问题、解决问题，才能成为学生真心喜爱、终身受益的课程。

（三）与时俱进

从教学内容看，思想政治理论课必须与时俱进。习近平同志指出，"马克思主义具有与时俱进的理论品质。新形势下，坚持马克思主义，最重要的是坚持马克思主义基本原理和贯穿其中的立场、观点、方法。这是马克思主义的精髓和活的灵魂。马克思主义是随着时代、实践、科学发展而不断发展的开放的理论体系，它并没有结束真理，而是开辟了通向真理的道路。"[①] 马克思主义与中国实践相结合，产生了毛泽东思想，回答了中国为什么要革命、为谁革命、靠谁来革命、怎样进行革命等重大问题；产生了邓小平理论，回答了什么是社会主义、怎样建设社会主义的问题；产生了"三个代表"重要思想，回答了建设什么样的党、怎样建设党的问题；产生了科学发展观，回答了实现什么样的发展、怎样发展的问题；产生了习近平新时代中国特色社会主义思想，回答了新时代坚持和发展什么样的中国特色社会主义、怎样坚持和发展中国特色社会主义的问题。高校思想政治理论课应当与时俱进地挖掘理论深度，引导学生传承马克思主义，让马克思主义不断向前发展。例如，《毛泽东思想和中国特色社会主义理论体系概论》的教材在高校思想政治理论课编写领导小组领导下组织编写，自 2007 年出版后，先后于 2008 年 1 月、2008 年 8 月、2009 年 5 月、2010 年 5 月、2014 年 1 月、

---

① 人民网．习近平：在哲学社会科学工作座谈会上的讲话 [EB/OL]．http://politics.people.com.cn/n1/2016/0518/c1024-28361421-2.html，2016-05-18．

2015年8月、2018年3月进行了七次修订，与时俱进地反映了马克思主义中国化最新成果。

从教学对象看，思想政治理论课必须与时俱进。目前，大学生已从95后发展到00后。相对于父辈，在经济条件方面，95后、00后大学生的经济条件普遍得到显著改善，尽管存在部分贫困学生，但国家通过助学贷款、奖学金、助学金、减免学费等多种方式予以资助，他们普遍衣食无忧，生活安逸，吃苦较少，对未来充满期待与信心，但存在急功近利等现象，心理素质较弱，抗挫折能力较差。在思想方面，95后、00后大学生受文化多元化的影响，他们思想活跃，易于接受网络中各种各样的新观念，但受历史虚无主义、功利主义等错误思潮的影响，思想容易出现问题，还未形成远大而崇高的理想信念。在学习方面，95后、00后大学生出于今后就业的需要，对专业课程比较重视，同时由于理论基础薄弱，学习自律性较差，旷课、迟到、上课睡觉、玩手机等现象有日益严重的趋势，甚至极少数学生网瘾严重而长期宅在寝室之中。高校思想政治理论课要真正实现入耳、入脑、入心、入行，就应针对大学生实际进行因材施教。因此，高校思想政治理论课必须与时俱进地分析学情，把握当前大学生的特点、成长规律，采取让95后、00后大学生喜闻乐见的教学措施对其进行教育教学。

从教学手段看，思想政治理论课必须与时俱进。随着信息化技术的快速发展，各种信息化教学手段、理念层出不穷，以教育信息化带动思想政治理论课教学现代化，使信息技术与思想政治理论课教学有效融合，是目前思想政治理论课教学改革的必然选择。一方面，在网络教学平台、大数据等信息化技术的支持下，思想政治理论课堂从"粉笔+黑板"的传统课堂发展到多媒体课堂，现如今正在朝移动课堂发展，课堂教学模式的发展必然会引发学习模式的深刻变革。例如，清华大学开展思政课慕课教学，采用线上线下教学相结合的形式，在线开放课程、大班教学、小班讨论，激发学生对社会、人生进行更加深入的思考。北京理工大学将VR技术应用于思想政治理论课教学，运用虚拟现实技术为学生提供直观、形象的教学情境，让学生在虚拟环境中体验相关教学内容，从而产生一种身临其境的学习体验。另一方面，由于无线网和智能手机的迅速普及，我国已经进入移动互联网时代，信息传播的速度和广度达到空前的水平，思想政治理论课教学可以将最新的资讯引入其中，增强思想政治理论课的时效性。

三、高校思想政治理论课教学的价值

高校思想政治理论课是大学生的必修课，是大学生思想政治教育的主渠道、主阵地，直接关系到"培养什么样的人""如何培养人"以及"为谁培养人"的根本性问题，高校思想政治理论课对学生的价值主要体现在以下三点：

（一）告别迷茫，树立理想信念

对于大学的学习和生活，有这样一种对比：高中里每天课很多，但仍有时间做自己喜欢的事，大学里每天课不多，但总没时间做自己喜欢的事；高中里教室一下课很热闹，大学里教室一下课很沉闷；高中里朋友之间嘴上很不客气，其实好的要死，大学里朋友之间嘴上特别客气，其实未必多好；高中里，累并快乐着，大学里，忙却迷茫着……为什么部分大学生常感叹大学生活的无聊？为什么部分大学生沉迷网络游戏？为什么大学生遇到困难习惯于放弃？为什么部分大学生进校后不久就申请退学？究其原因，是大学生对自己的未来发展没有合理规划，缺乏远大的理想和坚定的信念。

《现代汉语词典》对理想的定义是："对未来事物的想象或希望（多指有根据的、合理的，跟空想、幻想不同）。"对信念的定义是："自己认为可以确信的看法。"大学生对未来的工作、生活等有自己的希望，比如，找一份体面的工作、买车、买房等等，将理想局限于个人理想，忽视社会理想。更为严重的是，这些个人理想常常脱离自身实际，并急于求成。如在2015年一媒体对大学毕业生进行期望月薪调查，超过四成的大学生对薪资期望高达8 000～10 000元，一网友留言道："活在不切合实际的现实中，显得格外幼稚与可笑。"可见，大学生容易将这些希望演变为空想、幻想。当这些严重脱离实际的空想、幻想在现实社会中无法实现时，大学生只能无奈地放弃，部分大学生还唯心地将原因归结于命运不济、社会不公，陷入自暴自弃之中。"理想因其远大而为理想，信念因其执着而为信念。"大学生没有远大理想，自然而言就难有信念。

大学生应建立怎样远大的理想和信念？习近平同志在庆祝中国共产党成立95周年大会上的讲话强调指出："坚持不忘初心、继续前进，就要牢记我们党从成立起就把为共产主义、社会主义而奋斗确定为自己的纲领，坚定共产主义远大理想和中国特色社会主义共同理想，不断把为崇高理想奋斗的伟大实践推向前进。"[①] 理想和信念的形成不是一蹴而就的，需要对大学生进行系统的教育。思想政治理论课的性质、内容决定了它对大学生的理想信念的教育有不可替代的作用和义不容辞的责任。只有思想政治理论课才能引导大学生用马克思主义认识到共产主义是人类社会发展客观规律的必然趋势和最终指向，只有思想政治理论课才能结合我国国情帮助大学生分析中国特色社会主义是实现社会主义现代化和中华民族伟大复兴中国梦的必由之路，只有思想政治理论课才能启发大学生将个人理想与社会理想有机结合，只有思想政治理论课才能激发大学生树立为共产主义远大理想和中国特色社会主义共同理想而奋斗的信念。

---

① 习近平．习近平在庆祝中国共产党成立95周年大会上的讲话［M］．北京：人民出版社，2016：10．

（二）认识世界，适应社会发展

习近平同志在瑞士达沃斯世界经济论坛2017年年会开幕式主旨演讲中指出："'这是最好的时代，也是最坏的时代'——英国文学家狄更斯这样描述工业革命发生后的时代。今天，我们也生活在一个矛盾的世界之中。一方面，物质财富不断地积累，科技进步日新月异，人类文明发展到历史最高水平；另一方面，地区冲突频繁发生，恐怖主义、难民潮等全球性挑战此起彼伏，贫困、失业、收入差距拉大……世界面临的不确定性上升。对此，许多人感到困惑——这个世界到底怎么了？"[①] 当前相当一部分大学生习惯于以自我为中心，当他们面对错综复杂的世界的时候，更是容易产生困惑。在这种困惑下，大学生经常发生两种消极倾向：一是避世。世界太复杂，与人交往太麻烦，于是选择逃避现实世界，活在一个人的世界之中。近些年大学生中的宅男宅女现象就是避世态度的典型体现，一位学生曾这样形容自己的假期生活："我什么也没做，基本上每天要么躺床上，要么沙发上'葛优躺'，基本没出过门。八九点起床，微信朋友圈刷到底，回复留言，再刷微博看看搞笑段子，磨叽磨叽到11点左右，开始叫外卖，12点半左右吃午饭，然后接着躺床上开始看视频，一下午又打发过去了。晚上呢，再跟同学朋友们语音或视频聊天，吐吐槽，听听音乐，又要睡觉了——好无聊！"[②] 从早到晚，能不出门就尽量不出门，一个人自娱自乐，长久以往，大学生会变得越来越冷漠，越来越孤僻。二是愤世。部分大学生过于看重自身利益与诉求，如住宿环境、网络配置、奖学金评比、学生干部竞选、就业、收入差距等等，一旦未被满足，就会对社会产生失望情绪，进而偏激地看待社会，充满攻击性。特别是随着互联网的发展，由于网络的虚拟性，可以匿名发出各种各样的言论，这样让一些大学生认为无需对自己的言论负责，想说什么就说什么，因而将现实的愤世情绪发泄到网络。他们在微博、贴吧等网络平台上用语言侮辱、诬陷、攻击他人，挑起争端，甚至通过人肉搜索，严重侵害到他人的隐私权，形成网络暴力。

如何认识客观世界？在高校众多课程中，只有思想政治理论课才能用唯物辩证法引导大学生从宏观到微观，从理论到现实，把握我们所面临世界的本质和发展规律。如唯物辩证法告诉我们矛盾是普遍的，毛泽东同志更是强调"矛盾存在于一切事物的发展过程中；矛盾存在于一切事物的发展过程的始终"，只有在此基础上，大学生才能理性面对国家与国家之间的利益争端，才能理性面对我国社会存在大学生就业难、高房价、留守儿童等等一系列社会问题。又如唯物辩证法告诉我们在观察和处理任何事物或过程的诸种矛盾时，必须善于抓住主要矛盾，

[①] 中国网. 习近平引用狄更斯名句纵论"经济全球化". [EB/OL]. http://news.china.com.cn/2017-01/17/content_40122759.htm, 2017-01-17.

[②] 林日新. 大学生暑期"宅"情严重值得"拯救"[N]. 华商报, 2016-08-09.

集中力量解决主要矛盾,只有在此基础上,大学生才能深刻理解在中国特色社会主义进入新时代时,我国社会主要矛盾已经转化为人民日益增长的美好生活需要和不平衡不充分的发展之间的矛盾,理解为解决主要矛盾所采取的各项改革措施,并接受解决主要矛盾是一个具有复杂性、长期性的过程。"物竞天择,适者生存",大学生只有理性分析、认识客观世界,才能抓住世界发展的潮流,主动适应社会发展。

(三) 坚守底线,学会做人做事

孟子的"无恻隐之心,非人也;无是非之心,非人也",告诉我们做人做事要有不可踩、更不可越的底线。大学生作为接受高等教育的群体,从总体上看是积极向上的,但他们的底线意识下滑,违法乱纪行为时有发生却是不争的事实。2016年12月中国青年报发表了《"裸条借贷"衍生出色情产业链》的报道,在微博、QQ、微信等网络平台上,存在许多以在校女大学生为放贷对象的"裸条借贷"信息。部分女大学生想购买自己喜欢的手机、化妆品、服装等,但苦于囊中羞涩,于是她们用自己的裸照和视频做抵押进行网贷,利息远超法律规定的利率,实为高利贷。对于未能按时还贷的女大学生,放贷人会以公开裸照为要挟,甚至胁迫其发生性关系"肉偿"。2016年11月,人民网发表了《大二女生未还"裸条贷"拆东补西欠下本息50多万》的报道,合肥某职业学校一大二女生,通过"裸条贷"借钱用来和男友花销,一年时间,不到5万元的本金"利滚利"成了50多万元的欠款。因无力偿还,该女生"裸持身份证照片"被泄露到网络,家人电话也被催债电话打爆,家人在报警同时,变卖唯一住房还款。[①] 窥一斑而知全豹,一些大学生的行为突破了做人做事的底线,这是一个十分危险的信号,如果不能采取有效教育措施,直接后果就是"丧失羞耻感,强化人际间的心理戒备,失信于社会,蔑视教育者,亵渎文明,紧随而来的是沦丧道德,触犯法律,走向堕落直至自我毁灭"[②] 这将会严重影响大学生的健康成长,甚至会危及整个社会的稳定与发展。高校思想政治理论课可通过教学从道德、法律两个方面帮助学生明确做人做事最基本的底线。

就高校学生道德教育而言,必须在学生和教师、时间和空间、意义和情景、过去和未来之间建立扎根生活的、生动的联系,找到其生活的本义,回归生活,才能使道德教育拥有真正的生命与活力之源。[③] 高校思想政治课教学将从注重道德传承、遵守道德规范两个层面让学生明白道德的内涵。中华民族优良道德传统

---

① 人民网. "裸条借贷"衍生出色情产业链 [EB/OL]. http://society.people.com.cn/n1/2016/1206/c1008-28927099.html, 2016-12-06.
② 叶松庆. 守望当代大学生的道德底线 [J]. 青年研究, 2003 (6): 39.
③ 曹辉. 道德教育的生活本义及其回归路向 [J]. 湖南师范大学教育科学学报, 2015 (3): 54-57.

强调的"仁者爱人""己所不欲,勿施于人""先天下之忧而忧,后天下之乐而乐""人而无信,不知其可也",社会主义道德强调以为人民服务为核心、以集体主义为原则。在教学时可用典型案例避免空洞的说教,以情动人,比如组织学生观看中央电视台制作的《感动中国》,感受心灵震撼的道德力量。高校思想政治课教学不仅可以系统地向学生传授道德知识,而且侧重于联系现实生活,引导大学生从考试诚信、尊敬师长、按时上课等具体行为中逐步将社会公德、职业道德、家庭美德、个人品德外化于行,内化于心,从而有效避免当今社会主义市场经济环境下纷繁复杂的利益困扰,不迷失本心,坚守道德底线。

就大学生法律教育而言,主要体现在三个方面:一是学习宪法法律,把握法治体系。截至 2014 年底,我国已经制定现行宪法和有效法律 240 多件,行政法规 730 多件,地方性法规 8 500 多件,自治条例和单行条例 800 多件,中国特色社会主义法律体系已经形成,我国在政治、经济、文化、社会生活各个方面都实现了有法可依。二是树立法治观念,尊重法律权威。习近平同志指出:"我国是个人情社会,人们的社会联系广泛,上下级、亲戚朋友、老战友、老同事、老同学关系比较融洽,逢事喜欢讲个熟门熟道,但如果人情介入了法律和权力领域,就会带来问题,甚至带来严重问题"。"要深入开展法制宣传教育,弘扬社会主义法治精神,增强全民法治观念,引导群众遇事找法、解决问题靠法,逐步改变社会上那种遇事不是找法而是找人的现象。当然,这需要一个过程,关键是要以实际行动让老百姓相信法不容情、法不阿贵。"要使依靠法律来解决问题成为大学生的自觉行动。三是行使法律权利,履行法律义务。如何解决打工时遇到的纠纷?如何签署《劳动合同》?高校思想政治理论课可针对学生遇到的现实问题,让学生学会如何运用法律捍卫自身的权利,达到让学生守法和用法的目的。

第二章

教学现状

高校思想政治理论课是高校思想政治工作的主要途径和主阵地。高校思想政治理论课教学的效果，直接影响到大学生正确思想认识的形成、科学文化知识的掌握以及开拓创新思维的培养。党和国家一直对高校思想政治理论课高度重视，习近平同志在全国高校思想政治工作会议上强调："要用好课堂教学这个主渠道，思想政治理论课要坚持在改进中加强，提升思想政治教育亲和力和针对性，满足学生成长发展需求和期待，其他各门课都要守好一段渠、种好责任田，使各类课程与思想政治理论课同向同行，形成协同效应。"为深入贯彻落实全国高校思想政治工作会议精神，教育部将2017年定为"高校思想政治理论课教学质量年"，以提高高校思想政治理论课质量和水平。

一、大学生眼中的思想政治理论课教学

为深入了解大学生对思想政治理论课的看法，笔者从高校思想政治理论课的教学效果、课堂教学情况、师生关系、学习资料、对教学信息化的态度等方面制定调查问卷，通过网络调查的方式，对不同专业的200名大学生进行了抽样调查，回收有效调查问卷196份。

（一）高校思想政治理论课的教学效果

第一，是否喜欢上思想政治理论课？

	喜欢	一般	无所谓	反感
百分比/%	46.4	48.5	3.1	2.0

喜欢上思想政治理论课占46.4%，一般占48.5%，说明绝大多数大学生都能接受思政课教学，但喜欢的比例还有待提升。无所谓占3.1%，反感占2.0%，说明尽管对思想政治理论课教学持无所谓、反感态度的比例很低，但高校思想政治理论课教学需要进一步激发学生学习兴趣，争取消除学生反感现象。

第二，思想政治理论课是否有利于你的发展？

	有利	一般	不清楚	没有用
百分比/%	71.9	20.4	6.6	1.0

认为思想政治理论课有利于自身发展的占71.9%，说明大多数大学生能正确认识思想政治理论课教学的作用。一般占20.4%，不清楚占6.6%，没有用占1.0%，说明高校思想政治理论课教学需要针对学生实际，帮助学生成长成才。

第三，思想政治理论课是否帮助你解决了思想困惑？

	很多	一些	不清楚	没有
百分比/%	15.3	68.4	7.7	8.7

认为思想政治理论课帮助解决了很多思想困惑的占15.3%，比例较低，认为没有帮助解决思想困惑的占8.7%，比例相对较高，说明思想政治理论课的知识体系对于理论基础薄弱、学习习惯不佳的大学生而言，学习难度较大，同时也说明了思想政治理论课教学的针对性不强，忽视了大学生的思想困惑。

第四，目前思想政治理论课的教学方法能否激发你的学习兴趣？

	能	不能	不清楚
百分比/%	62.2	22.4	15.3

认为目前思想政治理论课的教学方法能激发自身学习兴趣的占62.2%，说明当前高校思想政治理论课教学普遍采用的讲授法、案例法等教学方法效果差强人意。认为其不能激发自身学习兴趣的占22.4%，说明结合时代发展和学生新特点，与时俱进地研发新的教学方法，是高校思想政治理论课教师的一个中心工作。不清楚的占15.3%，说明部分大学生未能感知不同教学方法的效果，参与课堂教学程度低。

第五，除教师素质外，提高思想政治理论课教学实效亟待解决的是？

	理论联系实际，解答当前的热点、难点	改革考试、评定成绩的方式	采用先进的教学手段	加强社会实践环节
百分比/%	46.9	16.3	11.2	25.5

认为提高思想政治理论课教学实效亟待解决的是理论联系实际，解答当前的热点、难点，比例最高，占46.9%，其次是加强社会实践环节，占25.5%，说

明大学生要求改变目前高校思想政治理论课普遍局限于纯理论教学的现状,加强理论联系实际,加强实践教学,这对思想政治理论课教学提出了更高的要求。

(二) 高校思想政治理论课课堂教学情况

第一,思想政治理论课课堂的氛围?

	活跃	沉闷	没有关注
百分比/%	81.6	14.8	3.6

认为思想政治理论课课堂氛围活跃的占81.6%,说明绝大多数大学生学习思想政治理论课的心态相对比较放松,学习压力小,愿意参加课堂讨论、辩论等活动,这是进一步激发大学生学习兴趣的良好基础。

第二,大班教学对思想政治理论课教学效果有影响吗?

	有	不清楚	没有
百分比/%	59.7	28.1	12.2

认为大班教学对思想政治理论课教学效果有影响的占59.7%,说明目前高等院校少则近百人多则数百人的大班教学,存在不利于师生之间的交流沟通、不利于教学秩序的维护等突出问题,极大地影响了高校思想政治理论课的教学效果,应通过增强师资队伍、改善教学场地等有效措施,将大班教学调整为小班教学。

第三,思想政治理论课课堂纪律如何?

	良好	一般	没有关注
百分比/%	72.4	27.0	0.6

认为思想政治理论课课堂纪律良好的占72.4%,说明高校思想政治理论课课堂教学纪律整体情况较好,思想政治理论课教师能践行教书育人、管理育人,对大学生上课睡觉、玩手机等违纪情况进行有效管理,净化了学习环境,有利于营造良好的学风。

第四,思想政治理论课教师与学生互动的情况?

	能与大多数学生进行互动	只与一部分同学进行互动	只与少数个别同学进行互动	基本没有互动同学进行互动
百分比/%	73.5	19.9	6.6	0

认为思想政治理论课教师能与大多数学生进行互动的占73.5%，说明大多数高校思想政治理论课教师注重在课堂教学过程中与学生进行互动，体现了以学生为主体，引导学生积极参与教学的教学理念。认为只与一部分同学进行互动的占19.9%，只与少数个别同学进行互动的占6.6%，说明高校思想政治理论课教师在互动方式方面需要改革，需要借助信息化教学载体让更多的大学生体验到与教师进行互动教学的快乐。

第五，下列教学模式，你会选择哪一种？

	黑板+粉笔	多媒体+PPT	手机+网络教学空间
百分比/%	7.7	64.8	27.6

选择"多媒体+PPT"教学模式的占64.8%，"黑板+粉笔"教学模式的占7.7%，说明在近20年的时间内，"多媒体+PPT"教学模式已取代"黑板+粉笔"教学模式，成为学生接受的主流教学模式。选择"手机+网络教学空间"教学模式的占27.6%，说明随着信息化发展，"手机+网络教学空间"教学模式逐渐得到学生认可，在不久的将来可能成为今后高校思想政治理论课教学的主流教学模式之一。

第六，下列讨论模式，你会选择哪一种？

	课堂面对面讨论	在网络中进行讨论
百分比/%	56.1	43.9

选择"课堂面对面讨论"的占56.1%，选择"在网络中进行讨论"的占43.9%，两种讨论模式基本是各占一半。说明"课堂面对面讨论"模式有利于理解沟通，具有现场感强的特点，但也存在着受时间所限，参与人数较少等弊端；"在网络中进行讨论"模式则具有在同一时间让所有学生都能发表自己的观点等优势。高校思想政治理论课可结合两种教学模式，扬长避短，组织学生进行深入研讨。

第七，当前的思想政治课考核方式合理吗？

	合理	不合理	无所谓
百分比/%	77.0	7.7	15.3

认为当前的思想政治课考核方式合理的占77.0%，不合理的仅占7.7%，说明从小学到中学，受长期的应试教育的影响，大学生对沿袭传统应试教育的高校思想政治理论课考核模式已被动适应，高校思想政治理论课应从侧重知识考核转

变到知识、能力、素质考核并重，通过考核引导学生在学习理论知识的基础上，提升爱国主义等素质，增强理论结合实际等能力。

（三）高校思想政治理论课师生关系

第一，是否记得大学期间所有教过你的思想政治理论课老师的姓名？

	记得	记得部分	全部不记得
百分比/%	61.0	37.4	1.5

记得大学期间所有教过自己的思想政治理论课老师姓名的占61.0%，记得部分占37.4%，说明高校思想政治理论课教师在展现个人魅力、增强与学生联系等方面需要改进。全部不记得的占1.5%，说明极少数大学生对思想政治理论课教师漠不关心，如何加强与这一部分学生的联系，是思想政治理论课教师今后亟待解决的一个重点工作。

第二，是否希望与思想政治理论课老师沟通交流？

	希望	无所谓	不需要
百分比/%	50.5	37.8	11.7

希望与思想政治理论课老师沟通交流的占50.5%，无所谓的占37.8%，不需要的占11.7%，说明希望与思想政治理论课老师沟通交流的比例不高，无所谓、不需要的比例过高。一方面，说明高校思想政治理论课教师与学生之间的沟通存在明显问题，高校思想政治理论课教师在"亲其师，信其教"方面需努力，特别是要通过加强与学生的思想交流等方式与学生建立良好的师生关系，只有良好的师生关系才能让学生用良好的情绪去开展思想政治理论课学习；另一方面，说明部分大学生受到信息化的负面影响，内心越来越宅，存在一定程度的沟通障碍。

第三，希望通过哪种方式与思想政治理论课老师进行互动？

	面对面	QQ、网络空间等	无所谓
百分比/%	42.3	39.3	18.4

希望通过面对面方式与思想政治理论课老师进行互动的占42.3%，希望通过QQ、网络空间等方式与思想政治理论课老师进行互动的占39.3%，说明身为网络原住民的95后、00后大学生已习惯通过QQ、网络空间等信息化载体进行互动，通过将QQ、网络空间等信息化载体引入到高校思想政治理论课教学，可以增强高校学生与教师进行互动的积极性。

（四）高校思想政治理论课学习资料

第一，会主动阅读思政课教材吗？

	经常	偶尔	从不
百分比/%	15.8	60.7	23.5

会经常主动阅读思政课教材的占15.8%，从不主动阅读思政课教材的占23.5%，从不主动阅读的比例明显高于经常主动阅读的比例，大多数大学生只是偶尔主动阅读。一方面，说明大学生学习目标不够明确，主动学习的积极性不高；另一方面，说明现在的高校思想政治理论课教材对于理论基础薄弱的大学生而言，存在水土不服现象，需要针对大学生实际，改变本、专科同学共用一本教材的现状，出版适应各类大学生的高校思想政治理论课教材。

第二，思想政治理论课学习资料，你最喜欢的形式是？

	文字	图文并茂	视频
百分比/%	9.7	44.4	45.9

思想政治理论课学习资料，大学生最喜欢的形式是视频，占45.9%，其次是图文并茂，占44.4%，传统的文字形式，仅占9.7%，说明高校思想政治理论课教师可通过制作微课视频资料、图文并茂的案例资料等，激发大学生的学习兴趣。

（五）大学生对思想政治理论课教学信息化的态度

第一，面对浩瀚的网络资源，您是否会有选择困难？

	有	没有
百分比/%	66.8	33.2

面对浩瀚的网络资源，有选择困难的占66.8%，没有选择困难的占33.2%，说明资源丰富且查找便利的网络资料有利于学生进行思想政治理论课自主拓展学习，但面对浩瀚的网络资源，大多数大学生存在选择困难，高校思想政治理论课教师应指导学生合理运用网络资源。

第二，如果手机作为参与教学的载体，你喜欢吗？

	喜欢	一般	无所谓	反感
百分比/%	41.8	42.3	8.7	7.1

如果手机作为参与教学的载体，选择喜欢的占41.8%，选择一般的占42.3%，说明学生对手机作为参与教学的载体的接受程度高，高校思想政治理论课教师应引导学生充分运用手机作为学习工具，理性使用手机，杜绝课堂低头族。

第三，如果思想政治理论课老师建立了网络教学空间，您愿意去浏览吗？

	愿意	一般	无所谓	反感
百分比/%	45.1	45.1	6.2	3.6

选择愿意浏览思想政治理论课老师网络教学空间的占45.1%，选择一般的占45.1%，说明绝大多数大学生能够接受思想政治理论课老师的网络教学空间。网络教学空间可作为课前导学、课堂教学、课后辅导的载体，这是思想政治理论课教师开展信息化教学探索的坚实基础。

第四，是否能接受先通过网络资源进行自学，然后再结合相关问题开展研讨的学习模式？

	能接受	不能接受	无所谓
百分比/%	64.8	12.2	23.0

选择能接受先通过网络资源进行自学，然后再结合相关问题开展研讨的学习模式的占64.8%，不能接受的占12.2%，无所谓的占23.0%，说明多数大学生愿意接受基于网络资源的先学后教模式，高校思想政治理论课教师应改变传统的灌输式、讲授式等教学方法，开展以学生为主体的研讨式教学方法改革。

二、思想政治理论课教学存在的主要问题

世界银行发布《2018年世界发展报告》，指出全球教育正在面临"教学危机"，表现为青少年虽然在上学，但却没有学到知识，浪费了时间和自我发展的机会。高校思想政治理论课在一定程度上也存在着教学危机，如果不能采取有效措施改变教师教学缺乏创新、学生学习缺乏积极性、教材编写缺乏吸引力、教学实施缺乏针对性等问题，这种教学危机将越来越严重。

（一）教师教学缺乏创新

1. 教师的教学创新动力不足

高校思想政治理论课教师的教学创新动力不足，存在着一个教案可以长期不

更新、单向的讲授式教学方法可以多年不改、拒绝将各种信息化载体运用到课堂等现象。造成教师教学创新动力不足的原因是多方面的，主要原因有：一是工作量大。相对完善的专业课师资队伍配备，但高校思想政治理论课师资队伍普遍比较紧张，且教师教学工作量偏大，有的教师每年的教学达到了 700 多节课时，有的教师一天要上 8 节课，有教师自嘲为教书匠，教学从脑力劳动变成了体力劳动，只能疲于应付。二是职称导向的偏向。目前，高校职称评审指标是以荣誉称号、竞赛、论文、课题、专著等数量和等级为核心的评审体系。因为教师的教学水平难以量化，所以教学水平在高校职称评审指标中基本没有体现，高校职称评审体系简而言之是"重科研、轻教学"。与此同时，高校教师的工资体系普遍与职称挂钩，收入差距明显。这种职称评审体系让高校思想政治理论课教师为了评职称将大量的时间、精力投入到科研工作中，忽视教学工作，甚至出现一些思想政治理论课教师为在职称评审时加分而申报了不少专利成果的现象。三是部分教师进取心不足。随着我国经济的快速发展，国家对职业教育财政投入的大幅增加，近十年来高校思想政治理论课教师的收入不断提高，但部分教师追求享受物质生活，产生精神懈怠。

2. 教师的教学创新能力不强

在教学环境、教学对象、教学手段等日新月异的背景之下，高校思想政治理论课教师的教学创新能力不强已经成为一个普遍的问题。一方面，受相对封闭的校园环境影响，高校思想政治理论课教师往返于家庭和校园，两点一线，容易脱离社会发展，变得因循守旧，墨守成规，视野受限，创新意识薄弱；另一方面，受所学专业影响，高校思想政治理论课教师对新兴的信息化技术发展关注度低，同时又缺乏信息化技术培训，因此对于网络教学空间、微课制作、基于大数据的数据分析等知之甚少，难以将最新的信息化技术运用到高校思想政治理论课的教学中，难以在教学方法、教学互动、教学考核等方面实现创新，只能停留在目前通用的"PPT + 讲解"教学模式。

（二）学生学习缺乏积极性

1. 高校学生理论基础薄弱

以高职院校为例，除国家示范性高等职业院校、国家骨干高等职业院校录取分数线较高外，大多数高职院校录取分数低则 200 分左右，高则 300 分左右，这意味着相当一部分大学生不仅学习基础普遍薄弱，而且学习情绪比较悲观，认为自己是高考的失败者。进入大学学习后，高职学生自觉阅读马克思主义经典理论著作、中国特色社会主义理论著作等书籍的比例极低，无法通过主动阅读理论著作提升自身理论基础。此外，大学生每天上网的时间较长，主要是玩网络游戏、看娱乐视频、交友聊天等，很少阅读网络时政新闻报道、论文等电子理论学习资料。可见，尽管进入大学后学生可以自主学习的时间增多，理论学习的条件得到改善，但是长期的应试教育让他们形成了思想政治理论课学习就是死记硬背的印象，对思想政治理论课学习从心理上产生了不自觉的排斥感，造成以前中学阶段靠机械记忆暂时掌握的理论知识不仅没有得到巩固加强，反而是遗忘殆尽。大学生理论基础薄弱，如果思想政治理论课教师在教学中仍旧单纯强调理论知识体系的讲授，学生在思想政治理论课学习过程中会产生强烈的枯燥感，造成教学效果不佳。

2. 大学生学习目标功利化

随着我国经济快速发展、社会快速转型、社会思潮快速多元化，功利主义对高校的冲击愈发剧烈，大学生愈发浮躁和急功近利，他们常常忽视事物发展的客观规律，追求快速成功之道。从进入大学前选择专业开始，普遍的标准是"好就业、工资水平高"，不考虑自己的学习基础，也不考虑自己的兴趣爱好。开始大学学习后，大学生对本专业的专业课程高度重视，认为是今后事业发展的基础，希望能在短时间内掌握一定的专业技能，所以他们学习认真，能自觉完成专业课教师布置的各项学习任务，课后能自主进行拓展学习，并热衷参加各种技能考证。与此形成鲜明反差的是，大学生对思想政治理论课等公共基础课普遍不重视，部分学生不能正确认识思想政治理论课对自身发展的积极作用，反而存在着一些错误看法："我今后不从政，思想政治理论课讲授的理论与自己无关""老实人吃亏，思想政治理论课讲的诚信等价值观与社会发展脱节，已经过时了""学好思想政治理论课不能帮我找到一份好工作"等等。大学生学习目标功利化，致使大学生认为思想政治理论课不需要认真学习，考试及格就好，也因此思想政治理论课成为学生上课玩手机、睡觉、旷课等违纪现象发生的重灾区。

（三）教材编写缺乏吸引力

1. 内容理论性过强

目前，除了"形势与政策"课程没有统编教材外，全国高校都在统一使用高等教育出版社出版的马克思主义理论研究和建设工程重点教材，如《毛泽东思想和中国特色社会主义理论体系》《思想道德修养与法律基础》。这些教材集中了大量权威专家参与编写，从 2007 年出版以来，多次修订，具有科学性、规范性、政治性、系统性、时代性。但对大学生而言，存在着内容理论性过强这一突出问题。教材对相关理论的论述过于学术化，过于强调理论的全面论述和深入剖析，大学生阅读起来生涩难懂，仅仅只看了几行之后，就会因看不懂而无法继续阅读下去。进行了一个学期的思想政治理论课学习之后，大学生相关教材上没有一处学习笔记，教材如同新书的现象并非个例。高校思想政治理论课教师在进行教学过程中，面临的一个严峻挑战就是如何将逻辑严密的教材体系转化为学生喜闻乐见的教学体系。

2. 展现形式单一

高校思想政治理论课教材展现形式单一，主要表现在：一是长篇累牍。目前，大学生都是互联网的原住民，他们伴随互联网成长，喜欢阅读的是如微博一样140字左右通俗易懂的短文。高校思想政治理论课教材数10万字，打开教材进入视线的是一个接一个章节的大幅论述，观点表达不够简洁明了。这种大段大段的论述会让大学生在正式进行思想政治理论课学习之前，因冗长的教材而对今后的学习产生畏惧心理。教材应该适当减少篇幅，突出重点。二是纯理论性文字论述。教材没有一个表格，没有一张图片，既不形象又不生动。教材没有一个案例材料，脱离中国发展具体实际和学生身边实际，抽象而空洞的理论论述对大学生产生的教育效果甚微。教材应该以小见大，将精深广博的理论融入形式多样的文字、视频等案例之中，只有讲事实、摆道理，才能做到以理服人。

（四）教学实施缺乏针对性

1. 教学计划制定过程中供求错位

高校思想政治理论课教学吸引力不强，尚未摆脱空洞说教、枯燥乏味的课程形象，严重影响到课堂教学质量，一个重要原因在于教学计划的制定过程中发生了供求错位。原本应以学生的需求为主，却错位为教师主宰，教师错把学生看成是简单的被动的知识接受者和品德的塑造对象。一堂课的教学计划主要包括教学目标的制定、教学内容的设计、教学方法和教学手段的选择等。通常情况下，高校思想政治理论课教师依据教学大纲制定教学目标，根据教材确定教学内容，然后在分析教学目标和教学内容的基础上选择教学方法和教学手段，在这一过程中，往往忽视了学生的实际需要。教师在分析学情时更多的是凭主观经验去估计学生已有的知识水平、能力水平、素质状况，猜测学生的需求，结果必然出现学生感兴趣的、薄弱的知识点教师一带而过，而学生已掌握的知识教师却在精讲细讲的情况，从而造成提供与需求的错位。

2. 课堂教学过程中沟通不畅

思想政治理论课教学不是一个被动的"填鸭"过程，而是一个互动过程。[①] 其活动的主体是教师和学生，只有教师和学生两个活动主体在课堂中实现了有效沟通，思想政治理论课的实效性才能得到保障。现在高校思想政治理论课基本上采取中班教学，甚至存在大班教学情况，人数较多，容易造成沟通不畅，主要表现在三个方面：一是在认知沟通中，只有单方面的教师向学生传授知识，学生处于被动接受地位，教师不能及时掌握学生的学习状态，只能按照教学计划按部就班地进行授课，演化成"我说你听、我打你通"的灌输式教学。二是在情感沟通中，不了解学生的内心世界，习惯于师道尊严，以居高临

---

① 苏振芳. 思想政治教育学 [M]. 北京：社会科学文献出版社，2006：245.

下的姿态教育人,造成师生双方情感交流的阻塞,情不通,理不达,情感相悖。学生情感上产生心理障碍,师生在思想上也就不可能产生共鸣,学生不亲其师,自然就不能信其道。三是在人格沟通中,未认识到人格的力量是高校思想政治理论课教学的法宝,教师没有注重发挥自身的人格魅力,学生觉得教学乃至教师个人都不符合自己的人格理想,从而不愿意关注教师所传授的内容,也就不能摆脱和超越自己旧有的某些心理影响,其教育教学效果必然大打折扣,甚至产生零效果。

3. 教学效果考核不到位

考核是教学体系中的一个重要环节,也是体现教学理念最明显的教学活动。现今高校思想政治理论课教学效果考核,存在三个错误倾向:一是考核内容片面化。"我国传统思想政治教育评价体系普遍存在着注重静态结果,忽视教育过程,评价目标不灵活等倾向。"[1] 一般通过考试成绩和平时作业及课堂表现来进行,其评价指标往往注重对学生掌握知识多少的考核,而对学生能力和素质考核较少,无法有效测验出大学生运用理论分析和解决问题的能力,也无法有效测验出大学生的理想、信念等思想状况。二是考核主体单一化。教师掌握着评价的绝对权利,是评价的唯一主体,教师将主要精力投入到思想政治理论课教学之中,难以掌握学生学习的全面信息,考核时随意性问题较突出,考核的全面性、公平性、准确性得不到保障。三是考核导向作用弱化。考核结果仅仅是作为评定思想政治理论课成绩的依据,没有及时跟学生进行反馈,更缺乏激励学生改进的机制,不利于引导学生自我评价、自我教育,也不利于激发学生思想政治素质的提高及科学世界观、人生观、价值观和道德观的形成。

三、信息化时代思想政治理论课面临的挑战与机遇

随着信息化的快速发展,思想政治理论课面临着严峻的挑战,与此同时,也面临着前所未有的机遇。厘清信息化时代背景下思想政治理论课面临的挑战与机遇,有助于思想政治理论课运用信息化手段深入进行教学改革,也有助于显著增强思想政治理论课的时效性和实效性。

(一)信息化时代思想政治理论课面临的挑战

1. 多元化思潮对思想政治理论课的挑战

当前,我国正处在经济全球化、政治多极化、文化多元化深入发展的世界格局之中,面临社会思潮多元多样多变、交流交融交锋的新形势。[2] 与以往不同的

---

[1] 陈玉砚. 教育评价学 [M]. 北京:人民教育出版社,1999:97.
[2] 郝立新. 坚持"三个面向",推进理论创新 [N]. 人民日报,2015-07-24.

是，在网络环境下，信息自由流动实现即时化，政府信息"把关人"的地位相对弱化，各种社会思潮通过网络论坛、微博等信息化载体可以在短时间快速而广泛地传播。特别是一些所谓的公共知识分子，利用拥有众多粉丝的微博大V身份，凭借网络中拥有较大的话语权和影响力，鼓吹各种社会思潮，如历史虚无主义对董存瑞炸碉堡、狼牙山五壮士、邱少云火中捐躯、雷锋日记等肆意歪曲，极端个人主义为了满足一己之私欲而不惜损害他人和社会利益，新自由主义过分宣传绝对的个人自由等等，他们用极具颠覆性的观点和煽动性的语言，否定我国历史，质疑中国特色社会主义道路。这些反马克思主义、社会主义的错误主张和社会思潮，对涉世未深、免疫力不足的青年大学生产生了较大的迷惑性和危害性。在追求个性和颠覆的名义下，部分青年大学生盲目接受相关错误观念，出现理想信念退化、价值取向低俗化、社会责任感弱化等现象。当这些受到社会思潮影响的青年大学生在思想政治理论课堂进行学习时，常常带着先入为主的观点，对思想政治理论课讲授的新民主主义革命历史，社会主义核心价值观，中国特色社会主义道路自信、理论自信、制度自信、文化自信等容易产生怀疑，甚至偏激地认为思想政治理论课"假大空"。思想政治理论课如何消除多元化思潮的消极影响，需要引起思想政治理论课教师的高度重视和警觉。

2. 现实社会问题对思想政治理论课的挑战

当前我国经济社会发展呈现出改革攻坚期、发展关键期、矛盾凸显期"三期叠加"的阶段性特征，特别是随着改革的不断深入，我国改革开放已经进入攻坚期、深水区，涉及的利益面越来越广，触及的深层次矛盾越来越多，正如习近平总书记所说："容易的、皆大欢喜的改革已经完成了，好吃的肉都吃掉了，剩下的都是难啃的硬骨头。"[①] 大学生对涉及民生的分配制度、住房、医疗、就业等社会问题非常关注，通过网络可以快速获取相关社会问题的最新信息。大学生对收入差距、高房价、看病贵、就业难等问题感到疑惑，但是由于社会经历缺乏，对许多社会问题是知其然不知其所以然，无法通过自主分析找出正确的原因。因此，大学生希望思想政治理论课能够帮助他们解决因现实社会问题产生的思想困惑。可是，相当一部分思想政治理论课教师对学生关注的社会问题避而远之，漠视学生的思想需求，只是照本宣科地灌输理论。当大学生从思想政治理论课得不到满意答案时，他们会认为思想政治理论课所讲授的理论脱离社会实际，觉得上这些课没有用，从而产生逆反心理，这会降低思想政治理论课的可信度，在很大程度上影响思想政治理论课教学的实效性。

3. 课堂低头族对思想政治理论课的挑战

随着智能手机和无线网的快速普及，大学生人人持有一部可随时上网的手

---

① 人民网. 习近平谈改革：肉吃掉了，只剩难啃的骨头 [EB/OL]. http://he.people.com.cn/n/2014/0211/c192235-20542047.html, 2014-02-11.

机。由于自控能力差，部分学生每天手机不离手，沉迷其中。他们每天起床的第一件事情是玩手机，睡觉前的最后一件事情是玩手机，上课也忙着刷朋友圈、看小说、逛论坛、网络购物、看视频、打游戏，成为课堂低头族。课堂低头族可以为了学分按时来上课，但进入教室后喜欢坐在教室后面，然后默默地玩手机，无视教师和其他同学的存在。不管思想政治理论课教师如何讲、讲什么，课堂低头族一概不听，当被点名要求回答相关课堂问题时，往往带着浑浊不清的眼神问道："老师，能不能再讲一遍问题？"让本应是思想交流的思想政治理论课课堂变成了教师的独角戏。课堂低头族不仅让自己学习效果为零，而且严重影响了思想政治理论课课堂的学习氛围，严重影响了周围同学的学习状态，严重影响了授课教师的教学情绪，致使思想政治理论课上课质量严重下降。目前，针对课堂低头族的措施，有的高校推行"无手机课堂"建设，即以班级为单位在课前统一上交手机；有的高校要求任课教师将学生使用手机情况纳入学生学习成绩考核，这些措施立足于堵，但堵不如疏，因此效果不甚理想。

（二）信息化时代思想政治理论课面临的机遇

1. 丰富的信息资源有利于推展思想政治理论课教学资源

伴随互联网传播技术的迅猛发展，当今社会已进入信息爆炸的时代，各种各样的信息以几何级别的速度增长，并铺天盖地地融入人们的生活、工作之中。虽然面临着信息选择困难、低俗信息等问题，但是丰富的信息资源可以有效改变思想政治理论课枯燥乏味的尴尬局面，思想政治理论课教师应充分运用这些信息资源辅助教学。一是从网络下载制作精良的微视频让教学变得更加直观。如新华社制作的微视频《大道之行》，用习近平总书记的配音，以一种别具一格的方式解读"一带一路"，优美的画面和深入浅出的解说，可让大学生领略不一样的"一带一路"。二是从网络选用最新的新闻事件让教学变得更加新鲜。如通过"不放爆竹，就少了年味儿？"这则新闻分析如何改变传统观念进行生态文明建设，通过新闻"见字如面24年，铁路夫妻的24万字情书"分析社会主义核心价值观的敬业，通过新闻"农民工被公交车司机拒载受歧视的还有什么"分析如何构建社会主义和谐社会等等。三是引导学生参与网络讨论让教学变得更加接地气。如每年两会期间，人民网强国论坛都会开设"我有问题问总理"专题栏目，教师可引导学生将想说的心里话、想问的问题向总理提。如此，大学生能体验到参政议政的真实感受，理性思考我国存在的一系列社会问题，更能激发他们积极参与中国特色社会主义社会建设的热情。

2. 即时的互动方式有利于密切思想政治理论课师生关系

清华大学原校长梅贻琦在《大学一解》中曾这样形象地论述师生关系："学校犹水也，师生犹鱼也，其行动犹游泳也，大鱼前导，小鱼尾随，是从游也。从游既久，其濡染观摩之效自不求而至，不为而成。"可见，只有良好的师生关系，思想政治理论课才能达到理想的教学效果，正所谓"亲其师，信其道"。令人遗憾的是，目前相当一部分学生记不得思想政治理论课教师的姓名，师生关系的冷漠已成为大学校园的一个痛点。究其原因，在课堂上，思想政治理论课教师面对百人以上的大课堂，往往只能与极少数同学互动。在课外，因为大学教师不用坐班且很多教师住在校外，学生即使想向教师请教也难以在第一时间找到教师，所以课后师生之间的交流几乎为零。因此，互动方式的限制已成为阻碍师生关系的一个突出问题。如思想政治理论课教师将微信、QQ、网络空间等大学生喜闻乐见的互动方式引入到思想政治理论课教学之中，便可打破时空限制，密切师生之间的关系。教师可建立网络教学平台，在课堂教学过程中可提供给每位学生随时发表见解的机会，便于师生围绕相关问题进行教学互动。教师还可以向学生公布自己的微信、QQ、邮箱，方便学生在课后可以随时随地联系老师。

3. 大数据有利于增强思想政治理论课教学精准性

思想政治理论课作为公共基础课，受教学场地和师资队伍的限制，一位教师每个学期需要教授数百位学生。面对人数众多的学生，思想政治理论课教师在教学过程中无法掌握学生的真实学习状态，无法即时检测学生的学习效果。随着数字校园建设的深入开展，校园数字化、信息化水平不断提高，教育教学数据的记录、统计、存储、共享日益方便，教育大数据使得学习行为、学习状态、学习结果等各类教育信息成为可捕捉、可量化、可传递的数字存在[①]。思想政治理论课教师通过网络教学平台，可以在不打断教学的同时实现对学生听课、提问、讨论、阅读、测验等学习表现自动化记录，并可在数秒钟之内根据教师需要，生成各方面的统计数据汇总。通过大数据统计分析，在课堂上，思想政治理论课教师能及时对人到心未到的学生进行督导，对学习能力弱的学生进行鼓励，对观点偏激的学生进行引导，对表现优秀的学生及时给予肯定。在课后，思想政治理论课教师可认真分析学生整体学习状态和发展趋势，特别是针对部分学习基础薄弱、学习习惯不佳、学习效果亟待提升的学生情况，选用更能引起他们兴趣的教学资源，设计更为有效的教学方法，增强思想政治理论课教学精准性。

---

① 胡水星. 大数据及其关键技术的教育应用实证分析[J]. 远程教育杂志，2015 (5)：46-53.

第三章
教学设计

《礼记·中庸》："凡事豫则立，不豫则废。"教学设计对于思想政治理论课教学就如同建筑设计对于建筑一样重要。教学设计是以教育学、教育心理学等为理论基础，运用系统论的观点和方法，针对学生的实际需求，有机整合各种课程资源，整体安排教学的相关要素，分析教学中的问题和需求，从而找出最佳解决方案的方法，它是将学和教的原理转化成教学材料和教学活动方案的系统化过程。① 教学设计是增强教学实效的重要基础，高校思想政治理论课教师必须深入研究教学设计的各个环节，精心进行教学设计。

一、思想政治理论课课程标准

（一）课程标准的内涵

"课程标准"一词最早见于1912年1月中华民国教育部公布的《普通教育暂行课程标准》。课程标准是确定一定学习时段的课程水平及课程结构的纲领性文件②。课程标准规定课程的基本信息、性质、目标设计、内容设计、实施建议、考核方案等。课程标准不仅是高校大学生进行思想政治理论课学习的重要指南，而且是衡量高校思想政治理论课教学质量的重要依据。

（二）课程标准制定要求

1. 明确课程基本信息

高校思想政治理论课主要有《毛泽东思想和中国特色社会主义理论体系概论》《思想道德修养与法律基础》《马克思主义基本原理概论》《中国近现代史纲要》《形势与政策》，按照不同的课程，明确适用专业、授课时间、总学时、学分、前续课程、后续课程等基本信息。

---

① 柳礼泉，黄艳，张红明. 论思想政治理论课教学设计的基本环节与着力点［J］. 思想理论教育导刊，2009（4）：96.
② 张焕庭. 教育辞典［M］. 南京：江苏教育出版社，1989：726.

2. 明确课程概述

根据高校开设的思想政治理论课，描述课程性质、修读条件。

3. 明确课程目标设计

不仅要描述思想政治理论课总体目标，而且要从微观上具体描述思想政治理论课的能力目标、知识目标、素质目标。

4. 明确课程内容设计

课程内容设计是课程标准的重点也是难点。首先，需要从整体上按照课程教材将课程分为数个模块，相应分配好每个模块所需要的课时。其次，以一次课（2个课时）为单位，详细描述每一次课的教学内容、教学要求、教学方法。

5. 明确课程实施建议

首先，需从校内实践基地及条件、校外实践基地及条件两个方面描述思想政治理论课的实践条件；其次，需要按照不同课程要求描述师资条件、教材与教学资源。

6. 明确考核方案

考核方案需要明确合格标准、成绩构成、考核内容、具体考核方案。

课程标准范例

《毛泽东思想和中国特色社会主义理论体系概论》课程标准

一、课程基本信息

适用专业（群）：本校所有专业

授课时间：第3、4学期

学时：72（其中实践课时16课时）

学分：4

课程类型：思想政治理论课

前续课程：《思想道德修养与法律基础》

后续课程：各类人文选修课

二、课程概述

1. 课程性质

本课程是高校思想政治理论课的核心课程，是帮助学生掌握毛泽东思想和中国特色社会主义理论体系的基本原理。这门课的基本内容是全面论述毛泽东思想、邓小平理论和"三个代表"重要思想、科学发展观、习近平新时代中国特色社会主义思想的科学含义、形成发展过程、科学体系、历史地位、指导意义、基本观点及中国特色社会主义建设的路线方针政策等。引导大学生坚定中国特色社会主义理想信念、掌握马克思主义科学理论和科学方法的重要途径，是开展大学生思想政治教育的主课堂、主渠道。

本课程是所有专业课程体系中的公共必修基础课。旨在提升高职学生思想政治理论修养，了解国情，理解和把握国家的方针政策，提高理论联系实际的分析判断能力，为专业技术的施展奠定思想基础，使当代大学生成为社会主义事业的合格建设者和接班人。

2. 修读条件

学习本课程应具有基本的经济、政治、文化、社会等基本知识，具有能正确认识和分析国内外形势与政策的基本能力。

三、课程目标设计

总体目标：

本课程从培养面向生产、经营、管理、服务一线高素质、技能型人才的具体要求出发，配合专业教育，通过能力本位理论和实践性教学，以高职学生全面发展为目标，坚持不懈地用马克思主义中国化的理论成果武装学生头脑，帮助他们树立正确的世界观、人生观、职业价值观，促进高职学生思想道德素质、科学文化素质和健康素质协调发展，引导学生在增长社会科学知识的过程中提升思想政治素养，培养各专业高职学生运用马克思主义的立场、观点和方法调查、分析和解决职业、行业和社会性问题的能力，进而增强学生可持续发展的能力，把学生培养成为中国特色社会主义事业所需要的职业能力强、职业素养高的和谐职业人。

能力目标：

能用实事求是的思想路线，分析伟人如何走向成功，增强学生向他人学习的能力；并能结合自身现状正确分析就业等问题，增强学生解决实际问题的能力。

能运用马克思主义、毛泽东思想、中国特色社会主义理论体系的基本原理、观点、方法来正确分析、发现和解决社会现实问题，增强学生的社会适应能力。

能适应中国特色社会主义建设需要，增强学生把握经济发展潮流、参政议政、文化判断力等核心竞争力。

能以爱国主义热情思索祖国统一问题和以世界眼光理性面对中国和平崛起的国际环境。

能在中国共产党领导下，尽一份作为中国特色社会主义事业的依靠力量一分子的作用。

知识目标：

了解马克思主义中国化的历史进程和理论成果，掌握马克思主义中国化的精髓。

了解毛泽东思想的形成和发展、历史地位、主要内容、指导意义。

理解邓小平理论、"三个代表"重要思想、科学发展观的形成和发展、历史地位、主要内容。

掌握习近平新时代中国特色社会主义思想，特别是掌握习近平中国特色社会主义的总任务、"五位一体"总体布局、"四个全面"战略布局、全面推进国防和军队现代化、中国特色大国外交、坚持和加强党的领导等新思想。

素质目标：

养成实事求是、尊重自然规律的科学态度。

培养学生脚踏实地、实事求是的作风。

培养学生关注国家大事、关心国家发展前途的思想政治素质。

确立中国特色社会主义理想、信念。

培养学生的爱国主义精神和社会责任感。

四、课程内容设计

1. 模块设计

序号	模块（或子项目）名称	学时
1	前言	2
2	模块一：毛泽东思想概论	8
3	模块二：邓小平理论、"三个代表"重要思想、科学发展观	14
4	模块三：习近平新时代中国特色社会主义思想	32
5	实践教学	16
	合计	72

2. 详细设计

模块单元	主要教学内容与教学要求		教学方法建议	参考课时
	教学内容	教学要求		
前言	前言	1. 了解：马克思主义中国化的历史进程和理论成果。 2. 理解：毛泽东思想概论、中国特色社会主义理论体系的主要含义。 3. 掌握：马克思主义中国化实现的两次历史性飞跃。 4. 技能：运用马克思主义、毛泽东思想、中国特色社会主义理论体系的基本原理、观点、方法来正确分析、发现和解决社会现实问题	1. 在多媒体教室组织实施。 2. 以讲授、案例、问题、讨论等教学方法实施教学	2

续表

模块单元	主要教学内容与教学要求		教学方法建议	参考课时
	教学内容	教学要求		
模块一 毛泽东思想概论	1-1 毛泽东思想及其历史地位 1-2 新民主主义革命理论 1-3 社会主义改造理论 1-4 社会主义建设道路初步探索的理论成果	1. 了解：毛泽东思想及其历史地位。新民主主义革命理论的形成，新民主主义革命的总路线和基本纲领，新民主主义革命的道路和基本经验。从新民主主义到社会主义的转变，社会主义改造道路和历史经验，社会主义制度在中国的确立。 2. 理解：认识只有社会主义能够救中国，社会主义改造的理论是马克思主义基本原理与中国实际相结合的重大成果。 3. 掌握：社会主义建设道路初步探索的重要思想成果，社会主义建设道路初步探索的意义和经验教训。 4. 技能：能从中国革命胜利的"三大法宝"中获得人生启迪。能对大学生从"学校人"到"社会人"的转变之路有所设计	1. 在多媒体教室组织实施。 2. 以讲授、案例、问题、讨论等教学方法实施教学	8
模块二 邓小平理论、"三个代表"重要思想、科学发展观	2-1 邓小平理论的形成，邓小平理论回答的基本问题，解放思想、实事求是的思想路线 2-2 社会主义初级阶段理论 2-3 党的基本路线、社会主义的根本任务、邓小平理论的历史地位 2-4 "三个代表"重要思想 2-5 大学生社会实践活动经验交流 2-6 科学发展观	1. 了解：邓小平理论的形成、邓小平理论回答的基本问题。 2. 理解：社会主义初级阶段理论，社会主义初级阶段基本路线和基本纲领。社会主义的本质，社会主义的根本任务，中国特色社会主义的发展战略。 3. 掌握："三个代表"重要思想、科学发展观的主要内容及历史地位。 4. 技能：能从初级阶段实际出发理解现阶段的方针政策；能用科学发展观的思想引领个人的人生发展道路。能全面客观分析改革开放以来的成就；能把国家改革开放的历程与家境的变迁联系起来；能用"三个有利于"的标准判断现行政策	1. 在多媒体教室组织实施。 2. 以讲授、案例、问题、讨论等教学方法实施教学	14

续表

模块单元	主要教学内容与教学要求		教学方法建议	参考课时
	教学内容	教学要求		
模块三 习近平新时代中国特色社会主义思想	3-1 习近平新时代中国特色社会主义思想及其历史地位 3-2 坚持和发展中国特色社会主义的总任务 3-3 贯彻新发展理念、深化供给侧结构性改革 3-4 建设现代化经济体系的主要任务 3-5 坚持中国特色社会主义政治发展道路、健全人民当家作主制度体系 3-6 巩固和发展爱国统一战线、坚持"一国两制"，推进祖国统一 3-7 牢牢掌握意识形态工作领导权，培育和践行社会主义核心价值观 3-8 坚定文化自信，建设社会主义文化强国 3-9 坚持在发展中保障和改善民生 3-10 建设美丽中国 3-11 全面建成小康社会、全面深化改革 3-12 全面依法治国 3-13 全面推进国防和军队现代化 3-14 中国特色大国外交 3-15 全面从严治党、坚持和加强党的领导	1. 了解：习近平新时代中国特色社会主义思想及其历史地位；明确坚持和发展中国特色社会主义的总任务。 2. 理解：贯彻新发展理念，深化供给侧结构性改革，坚持中国特色社会主义政治发展道路，巩固和发展爱国统一战线，坚持"一国两制"，推进祖国统一；牢牢掌握意识形态工作领导权，培育和践行社会主义核心价值观。 3. 掌握：坚定文化自信，建设社会主义文化强国，坚持在发展中保障和改善民生；建设美丽中国；中国特色大国外交；全面从严治党，坚持和加强党的领导，坚持四个全面重要思想。 4. 技能：能从习近平新时代中国特色社会主义思想概括出中国特色；能适应中国特色社会主义建设需要，增强学生把握经济发展潮流、参政议政、文化判断力等核心竞争力；能以爱国主义热情思索祖国统一问题和以世界眼光理性面对中国和平崛起的国际环境。能学会对经济、政治、文化、社会、生态问题的分析，养成观察、调研的习惯	1. 在多媒体教室组织实施。 2. 以讲授、案例、问题、讨论等教学方法实施教学	32

续表

模块单元	主要教学内容与教学要求		教学方法建议	参考课时
	教学内容	教学要求		
实践教学	4-1 校内研究性学习 4-2 假期社会实践	1. 了解：研究性学习和假期社会实践的重要性。 2. 理解：研究性学习报告和假期社会实践报告的基本内容。 3. 掌握：研究性学习和假期社会实践的基本方法。 4. 技能：能进行研究性学习和假期社会实践选题，并且能撰写一般的研究性学习报告和假期社会实践报告	1. 教师指导学生进行选题。 2. 学生进行研究性学习和假期社会实践，并撰写报告。 3. 师生进行研究性学习和假期社会实践交流	16

五、课程实施建议

1. 实践条件

校内实践基地及条件：①充分利用校内优良的实训室和各专业实训中心，做到教书育人。②充分利用丰富多彩的校园文化活动，做到活动育人。③充分利用校内良好的物质环境和精神环境，做到环境育人。④充分利用校内良好的制度环境，做到管理育人。

校外实践基地及条件：①充分利用学校所在社区文化资源，使课堂教学由课内走向课外。②充分利用校外专业实训实习基地顶岗实习条件，教育学生在生产劳动中树立正确的人生观、世界观和价值观，增强遵章守纪的观念，养成吃苦耐劳的精神，形成良好的职业道德品质。同时与相关部门共同对学生的诚信意识、服务态度、团队合作精神、服从意识、责任意识、质量意识等方面进行评价。③充分利用校外社会实践基地条件，深入社区、学校、企业、农村，达到活动育人、服务育人的目的。

2. 师资条件

学高为师、德高为范。教师所讲的道理要使学生信服，首先自己得信服；教师要求学生做的事，首先自己得身体力行，否则教学就成为一种单纯的说教。

具备宽广厚实的理论知识体系和教育教学科研能力以及社会实践能力。

具备高超的课堂内外教育教学能力，教学过程就是教师、学生两个主体共同参与的过程，是教师意志与学生意志相统一的过程，是学生由他律走向自律的过程，因此，应引导学生积极参与教学过程。

3. 教材与教学资源

（1）推荐教材

马克思主义理论研究和建设工程重点教材"毛泽东思想和中国特色社会主义理论体系概论"（2018年修订版），高等教育出版社。

（2）推荐教学参考书

[1]《毛泽东选集》第一、二、三、四卷，人民出版社。

[2]《邓小平文选》第一、二、三卷，人民出版社。

[3]《江泽民论有中国特色社会主义》，中共中央文献研究室编，中央文献出版社2002年版。

[4]《科学发展观学习读本》，中共中央宣传部，学习出版社2008年版。

[5]《"毛泽东思想概论"疑难解析》，王顺生主编，中国人民大学出版社2002年版。

[6]《中国革命史》，国家教委社科司组编，高等教育出版社2002年版。

[7]《中国近现代政治思想史》，刘健清、李振亚主编，南开大学出版社2002年版。

[8]《邓小平理论研究述评》，秦宣主编，中国人民大学出版社2002年版。

[9]《马克思主义与当代现实丛书》，陈占安主编，北京大学出版社2005年版。

[10]《马克思主义中国化的理论轨迹》，田克勤主编，中共党史出版社2006年版。

[11]《中国特色社会主义文化论》，肖贵清主编，中共党史出版社2006年版。

[12]《习近平总书记系列重要讲话读本（2016年版）》，中共中央宣传部主编，学习出版社2016年版。

[13] 习近平：《在庆祝中国共产党成立95周年大会上的讲话》，人民出版社2016年版。

[14]《习近平关于全面从严治党论述摘编》，中央文献出版社2016年版。

[15]《中国共产党的领导是中国特色社会主义最本质的特征》，《习近平谈治国理政》（第二卷），外文出版社2017年版。

（3）推荐教学参考网站

中共中央党校：http://www.ccps.gov.cn/

马克思主义研究网：http://myy.cass.cn/

求是：http://www.qsjournal.com.cn/

党建研究网：http://www.zgdjyj.com/

中共党史网：http://www.zgdsw.com/

中国共产党新闻网：http://cpc.people.com.cn/

湖南红网：http://www.rednet.cn/

学习时报：http://www.studytimes.com.cn/

毛泽东思想：http://www.mzdsx.com/

六、考核方案

1. 合格标准

旷课不超过5课时（总课时的10%）；

总分大于或等于60分。

2. 成绩构成

课程考核由平时考核（过程考核）和期末考核（结果考核）组成，本课程平时成绩占80分，期末考核占20分。

3. 考核内容

学习态度、社会实践、平时作业、对知识与技能的掌握。

4. 考核方案

本课程考核由两大部分组成：①平时成绩80分，其中，学习态度50分，社会实践20分，平时作业10分；②期末考核成绩20分。具体课程考核方案框架如下：

序号	考核内容	考核标准 考核指标	评价标准及分值	考核方式	分值
1	学习态度	1. 不迟到、早退、旷课，有事请假。2. 课堂学习积极性，预习、认真听讲、记笔记、发言。3. 遵守课堂纪律和服从教师安排	1. 迟到、早退一次扣5分，旷课一次扣10分。2. 课堂发言一次加5分。3. 上课聊天、睡觉或玩手机每次扣5分	考勤课堂记录	50
2	社会实践	参加社会实践或研究性学习活动，撰写社会实践报告或研究性学习报告	撰写社会实践报告或研究性学习报告20分	社会实践报告或研究性学习报告	20
3	平时作业	按时、按质、按量独立完成作业	平时作业10分	作业	10
4	模块一：毛泽东思想	理论知识	1. 掌握毛泽东思想形成的时代背景、实践基础、科学体系、主要内容、历史地位和指导意义。（2分）2. 使学生理解新民主主义革命理论形成的依据，理解和掌握新民主主义革命的总路线、新民主主义纲领、新民主主义革命道路和新民主主义革命的三大法宝。（2分）3. 让学生了解社会主义改造的道路及其历史经验、社会主义制度在中国的基本确立及其重大意义。（2分）4. 明白我国在社会主义建设道路的初步探索中取得的正反两方面的经验（2分）	主题发言、小论文等	8

续表

序号	考核内容	考核标准		考核方式	分值
		考核指标	评价标准及分值		
4	模块一：毛泽东思想	基本技能	1. 坚定毛泽东思想是在革命和建设的长期实践中，以毛泽东为主要代表的中国共产党人，根据马克思列宁主义基本原理，形成的适合中国情况的科学指导思想，是被实践证明了的关于中国革命和建设的正确的理论原则和经验总结，是中国共产党集体智慧的结晶。（1分） 2. 形成理论与实践紧密结合的学风（1分）	主题发言、小论文等	2
5	模块二：邓小平理论、"三个代表"重要思想、科学发展观	理论知识	1. 邓小平理论主要内容及历史地位。（2分） 2. "三个代表"重要思想形成、主要内容及历史地位。（2分） 3. 科学发展观的形成、科学内涵和主要内容（2分）	主题发言、小论文等	6
		基本技能	1. 学习中国共产党人不畏艰难、勇于探索的献身精神。（2分） 2. 形成"只有社会主义才能救中国"的思想认识（2分）	主题发言、小论文等	4
6	模块三：习近平新时代中国特色社会主义思想	理论知识	1. 了解习近平新时代中国特色社会主义思想的科学含义、中国特色社会主义的总任务。（4分） 2. 掌握"五位一体"总体布局。（6分） 3. 怎样正确认识"四个全面"战略布局（6分）	主题发言、小论文等	16
		基本技能	1. 能运用习近平新时代中国特色社会主义思想正确认识问题、分析问题和解决问题。（2分） 2. 坚定中国共产党的领导，立志把我国建设成为富强、民主、文明、和谐、美丽的现代化国家而奋斗（2分）	主题发言、小论文等	4

备注：教师应向学生解释本课程考核方案和指标。第一学期考核的内容是模块一、二的知识点或专项技能，社会实践考核是撰写社会实践报告；第二学期考核模块三的知识点或专项技能，社会实践考核是撰写研究性学习报告。

七、教学建议

（1）本课程建议学时为72学时，建议在第3、4学期开设。

（2）本课程标准在使用过程中，要根据教学情况不断完善与修订。

（3）教师应根据教学情况，制订教学计划，设计更加详细、完善的单元教学方案，教学学时可浮动10%左右。

二、思想政治理论课授课计划

（一）授课计划内涵及作用

授课计划是以学期为单位，对一个学期的人员安排、教学内容、教学方法、作业布置等方面制订的具体计划。

通过制定课程标准，可以促进教师认真研究课程标准与教学内容，合理进行教学安排；可以引导教师有序开展教学，避免教学的随意性；可以便于教务部门进行相关督导检查，规范日常教学组织。

（二）授课计划制定要求

1. 安排授课教师

授课教师是课程计划的执行者，授课计划需综合考虑思想政治理论课现有师资情况，尽量协调好老、中、青教师搭配，协调好专职教师与兼职教师搭配，组建一个年龄结构合理、教学特点互补的课程教学团队。

2. 安排课时

按照相应课程标准规定的课时，确定本学期总课时、周课时，并明确讲课、测验、复习、机动分别是多少课时。

3. 安排教学内容

思想政治理论课内容博大精深，高等院校思想政治理论课课时相对较为紧张，如何在有限的课时里完成思想政治理论课教学？需要结合教材内容、学生实际进行精益求精的计划，做到高校大学生熟悉的、已掌握的内容少讲或不讲，高校大学生不知道的、不熟悉的内容要多讲、精讲。教学内容要以周为单位，具体到教材的章节内容。

4. 安排教学方法

思想政治理论课教学不能一味进行灌输，要以因材施教为指导，针对不同的教学内容采用合适的教学方法，从而切实调动高校大学生的学习积极性。思想政治理论课教学常用的教学方法包括讲授法、讨论法、案例法、演讲法等。

5. 布置作业

高校思想政治理论课不能像高中应试教育那样搞题海战术，课后作业的量应适度，每两次课后布置一次作业较为合适。作业的形式也不能局限于教材的课后作业，可以用演讲、小论文等多种形式完成。

授课计划范例

××职业技术学院学期授课计划

学　　期	2018 至 2019 学年度第 1 学期		
课 程 名 称	思想道德修养与法律基础		
使用教材名称及版别	《思想道德修养与法律基础》高等教育出版社 2018 年修订版	采用大纲名称及拟定者	《思想道德修养与法律基础》课程标准校编

续表

适用专业班级	2018级所有三年制班级						
本课程总课时	64			本期前已授课时		0	
本学期总课时	周课时	讲 课	实 验	测 验	复 习	机 动	
26	2	24	0	2	0	0	
本计划制订教师：××							
本计划使用教师：××							
教研室主任				二级学院院长			
××				××			

本课程本学期教学目的及要求：

一、教学目的

1. 知识目标：本课程必须以习近平新时代中国特色社会主义思想为价值取向，正确的世界观、人生观、价值观和道德观为主要内容，把社会主义核心价值观贯穿教学的全过程，通过理论学习和实践体验，全面提高大学生的思想道德素质和行为修养。

2. 技能目标：能够正确认识自己、认识高校、认识社会，具有如何学习、如何做人、如何做事和如何交往的能力，能用正确的是非观和良好的道德标准判断约束自己和他人的言行；并具备可持续性发展的能力。

3. 情感与态度目标：自觉提升思想道德素养，养成良好的行为习惯。培养学生对父母有孝心、对祖国有忠心、对同学有爱心、对工作有责任心，促进高职学生成长成才和终身发展。

二、教学要求

1. 坚持运用马克思主义的基本立场、观点和方法，以习近平新时代中国特色社会主义思想为价值取向，保持教学的正确方向，对当代大学生面临和关心的实际问题给予科学的有说服力的回答，以促进学生形成正确的世界观、人生观、价值观

2. 教师必须坚持以学生为本的理念，充分发挥学生的课堂主体作用，坚持理论联系实际；深化教学改革，大力提倡讲授式、讨论式和案例式教学方法，将教师的讲授与学生的课堂讨论相结合，形成师生互动的局面，注重培养学生分析问题和解决问题的能力，全面提高学生的综合素质

2018下学期授课计划

序号	周次	授课内容提要	教学方法、作业
1	6	绪论 中国特色社会主义新时代	讲授、案例、讨论
2	7	讨论：我与新时代	讨论、演讲、作业
3	8	第一章 人生的青春之问 前言 奋斗的青春	讲授、案例、讨论
4	9	第一章 人生的青春之问 第一节 人生观是对人生的总看法	讲授、讨论、作业

续表

序号	周次	授课内容提要	教学方法、作业
5	10	第一章 人生的青春之问 第二节 树立正确的人生观	讲授、案例、讨论
6	11	第一章 人生的青春之问 第三节 创造有意义的人生	讲授、讨论、作业
7	12	第二章 坚定理想信念 第一节 理想信念的内涵及重要性	讲授、案例、讨论
8	13	第二章 坚定理想信念 第二节 崇高的理想信念 第三节 在实现中国梦的实践中放飞青春梦想	讲授、讨论、作业
9	14	第三章 弘扬中国精神 第一节 中国精神是兴国强国之魂	讲授、案例、讨论
10	15	第三章 弘扬中国精神 第二节 爱国主义及其时代要求 第三节 让改革创新成为青春远航的动力	讲授、讨论、作业
11	16	第三章 弘扬中国精神 实践：爱国实践活动	主题演讲
12	17	第四章 践行社会主义核心价值观	讲授、案例、讨论
13	18	检测	讨论、小论文
备注			

三、思想政治理论课教案撰写

（一）教案内涵

教案即教学设计的方案，它是教师为有效开展教学活动，根据教学大纲和教材要求及学生的实际情况，以课时为单位，对教学内容、教学步骤、教学方法进行具体设计和安排的教学方案，是授课的重要依据。[①]

（二）教案撰写具体内容

1. 教学目标

教学目标是指教师在教学中所要达到的最终效果，是对学生在理论知识、能

---

① 刑文利. 高校课堂教学的理论与实践 [M]. 北京：中国文史出版社，2015：100.

力、素质等方面产生变化的预期。教学目标既是教学活动的出发点，又是教学活动的归宿，让师生在教学活动有共同的方向，是教学过程中的行动指南。高校思想政治理论课教案要描述好教学目标，需注意以下三点：

（1）教案的教学目标应注意整体性。

高校思想政治理论课教案的教学目标包括知识目标、能力目标、素质目标，知识目标是基础，能力目标是核心，素质目标是落脚点。从宏观方面，知识目标是帮助学生从了解、知道、理解、掌握等层面学习人生观、理想信念、中国精神、社会主义核心价值观、公民道德准则、尊法学法守法用法、毛泽东思想、邓小平理论和"三个代表"重要思想、科学发展观、习近平新时代中国特色社会主义思想、中国特色社会主义建设的路线方针政策等理论知识。能力目标是帮助学生理论结合实际，运用马克思主义理论指导如何学习、如何做人、如何做事、如何交往，从而提高自身职业核心能力、明辨是非能力、理论分析能力、公民行动能力、社会适应能力、法律解决纠纷能力等。素质目标是帮助学生树立正确的人生观、崇高的理想信念、深厚的爱国情操、良好的道德行为习惯、实事求是的科学态度、关注国家大事和关心国家发展前途的思想政治素质、积极参与中国特色社会主义建设的使命感和责任感等。教学目标不是孤立的，三种目标互为一体，共同构成高校思想政治理论课教学目标。高校思想政治理论课教师处理教学目标时既要注意同一门课程的内在联系，也要注意《思想道德修养与法律基础》《毛泽东思想和中国特色社会主义理论体系概论》《形势与政策》等课程在促进学生全面发展中的不同作用，只有系统梳理，整体把握，才能做到每一课教案和全部课程目标体系上的有机统一，教学目标才会形成一个有机的整体，避免高校思想政治理论课缺乏整体性、统一性等突出问题。

（2）教案的教学目标应注意针对性。

高校思想政治理论课每一个教案的教学目标都应结合每一次课的具体内容，将知识目标、能力目标、素质目标从宏观落实到微观。思想政治理论课教师在描述能力目标、素质目标时最容易出现空泛、抽象的情况。例如，部分思想政治理论课教师在描述教学目标时喜欢用"提高学生的分析能力和解决问题的能力""培养学生的爱国主义精神"等，这样的教学目标能放到任课一门课程之中，也可以放到思想政治理论课任何一个教案之中，过于空泛、抽象的教学目标形同虚设，没有任何价值。教学目标应联系学生能力基础和教材内容，对教学目标进行具体描述，如将"提高学生分析能力"具体为"使学生能运用中国特色社会主义民主政治理论正确分析中国政治现状"，将"培养学生的爱国主义精神"具体为"关注中国特色社会主义政治建设，培养学生的参政议政意识"。

（3）教案的教学目标应注意灵活性。

不同地区、不同类型的高校院校都具有各自的特点，高等院校内不同专业的学生的精神面貌、学习风气、学习兴趣、学习能力、学习基础也各不相同，因此，想要制定一个适合全体高校大学生的思想政治理论课教学目标是难以实现的。一方面，思想政治理论课教师应根据学生的学习基础，灵活制定教学目标。例如，确定教学的最高目标和最低目标，使教学目标具有一定的弹性，如此，可以满足不同层次的学生实际，让每一个学生在自己原有水平的基础上得到发展，激发他们的学习积极性。另一方面，思想政治理论课教师可根据高校不同专业学生的需要，灵活制定教学目标。如针对电子商务专业的学生可侧重培养他们与时俱进把握中国特色社会主义经济建设的理论知识，针对会计专业的学生可侧重培养他们的诚信素质，针对焊接专业的学生可侧重培养他们艰苦奋斗的精神等。

2. 教学重点与难点

把握教学重点与难点问题是解决思想政治理论课教学实效性问题的关键，一个没有重点与难点的教案是没有效果的教案，是一个失败的教案。教学重点与难点既有区别又有联系，有时教学重点与难点是截然不同的，有时教学重点与难点又可以是一致的。所谓教学重点是指思想政治理论课教材中最基本、最重要、最关键性的核心内容，是学生应知应会的主要问题。掌握了这部分内容，对于掌握思想政治理论课理论体系起着决定性作用，其他的问题也就迎刃而解。所谓教学难点是指学生容易产生认识偏差或难以掌握的教学内容。教学难点主要是学生因接受知识的能力差异而产生的困难，不同层次学生面临的教学难点显然会存在明显差异，因而相对于教学重点，教学难点更难以把握。如何确立思想政治理论课教案的重点与难点？应注意把握以下三个方面：

（1）根据思想政治理论课的使命来确定。

国家历来重视思想政治理论课的建设，对思想政治理论课建设做出了明确要求。如2018年4月教育部印发《新时代高校思想政治理论课教学工作基本要求》的通知，明确提出："高举中国特色社会主义伟大旗帜，以马克思列宁主义、毛泽东思想、邓小平理论、'三个代表'重要思想、科学发展观、习近平新时代中国特色社会主义思想为指导，全面贯彻党的教育方针，落实立德树人根本任务，把高校思想政治理论课教学工作摆在更加突出的位置，更加重视加强和改进教学管理，更加重视提升教学质量，不断提升思想政治理论课的亲和力和针对性，全面推动习近平新时代中国特色社会主义思想进教材进课堂进学生头脑，牢固树立'四个意识'，坚定'四个自信'，培养德智体美全面发展的中国特色社会主义合格建设者和可靠接班人，培养担当民族复兴大任的时代新人。"因此，习近平新时代中国特色社会主义思想必然是当前高校思想政治理论课的重点和难点。

（2）根据教材内容来确立。

高校思想政治理论课每一门课的教材都有它内在的逻辑关系。思想政治理论课教师不仅要深入钻研教材，理出知识的层次与联系，弄清教材内容的内在联系，还要厘清已学知识和后续知识与这些内容的联系，这样才能把握好教学重点与难点。如《毛泽东思想和中国特色社会主义理论体系概论》第一章"毛泽东思想及其历史地位",此章教学内容分为三小节,第一节为毛泽东思想的形成和发展,第二节为毛泽东思想的主要内容和活的灵魂,第三节为毛泽东思想的历史地位,此章的教学重点应为第二节毛泽东思想的主要内容和活的灵魂,教学难点应为第三节毛泽东思想的历史地位。

(3) 根据高校学情确定

高校大学生是教学的主体,同时也是教学的对象,教学难点是针对学生的学习基础而言的。因此,思想政治理论课教师要了解高校大学生,研究高校大学生。要研究大学生对中国特色社会主义理论、社会主义法律等理论知识的掌握情况,研究大学生的学习习惯、学习方法等情况,研究大学生的兴趣爱好、思想困惑等情况。经验丰富的思想政治理论课教师会在充分研究学情的基础上,合理预测大学生在学习过程中可能会遇到的困难,从而确定每一个教案的教学难点。例如,大学生因为思想不够成熟,在评价人和事物的时候往往容易冲动,常会出现极端现象,对自己喜欢的人和事物往往绝对肯定,对自己厌恶的人和事物往往绝对否定。如何理性地评价人和事物,是目前大学生普遍面临的一个问题。因此,在《毛泽东思想和中国特色社会主义理论体系概论》课程中设计"毛泽东思想的历史地位"时,"如何正确评价毛泽东和毛泽东思想"应作为本次教案的教学难点。

3. 新课导入

导入是课堂教学的起始环节,是教师在一个新的教学内容和教学活动开始时,运用多种手段,引起学生注意,激发学生学习动机,引导学生进入学习状态的一种行为。[①]"良好的开始是成功的一半",新课导入作为教案正文的第一个环节,教学导入的质量直接关系到教学进程的顺畅与否,对教学效果有着直接影响。思想政治理论课教学导入的方式方法可以根据教学对象、教学内容、教师风格而有不同的设计与运用。

有关新课导入的原则如下:

(1) 新课导入要有趣味性。

"百学趣为先",导入是新课的前奏,是激发学生兴趣的关键,如果不能有效激发学生的学习兴趣,就难有好的教学效果。"如果教师不想办法使学生产生情绪高昂和智力振奋的内心状态,就急于传授知识,那么这种知识只能使人产生冷漠的态度,而使不动感情的脑力劳动带来疲劳。"[②] 教学实践和心理学研究都充分证明,一个具有趣味性的新课导入,能有效吸引学生的注意力,增强学生的学习热情,启发学生的积极主动思考,保证他们进入最佳学习状态。反之,如果学生一上课就处于紧张的氛围之中,他们的大脑也将随之处于紧张状态,这样会导致学生的思维灵活性、敏捷性受到影响。思想政治理论课新课导入的趣味性并

---

① 王彦才,郭翠菊. 现代教师教学技能 [M]. 北京:北京师范大学出版社,2010:32.
② [苏] 瓦·阿·苏霍姆林斯基. 给教师的建议 [M]. 杜殿坤,译. 北京:教育科学出版社,1984:85.

非只是为了引起笑声，而是要使学生对新知识产生浓厚的学习兴趣。因此，思想政治理论课的新课导入要避免平淡乏味、死气沉沉，要根据各章节内容在趣味性上下功夫，使导入的知识内容或互动环节以生动鲜活的形式展现在学生面前，让学生处于愉快的学习氛围之中。与此同时，因为思想政治理论课的特殊性，决不能为了追求新课导入的趣味性而一味猎奇、哗众取宠，应避免将新课导入的趣味性异化为低级趣味，做到雅而不俗。

（2）新课导入要有关联性。

思想政治理论课教师在设计新课导入内容时，要针对教学实际，从教学目的、教学内容出发，要善于以旧带新、温故知新，在导入内容与教学内容之间建立起有机联系，成为新旧知识之间相互联系的过渡点，起到"画龙点睛"的作用，从而激发学生的问题意识，引导学生由表入里、由此及彼地深入思考，达到"一石激起千层浪"的效果。但是部分思想政治理论课教师在实际的教学过程中为了营造所谓的生动活泼的课堂气氛，采用的导入内容与所讲授的教学内容牵强附会，甚至离题万里。这样的新课导入虽然能吸引学生的注意力，实现表面上的热闹和形式上的互动，但脱离了教学内容，无论其如何精彩、特别，都不能很好地呈现新知识，反而让学生将他们的注意力转移到与教学无关的活动中，使新课导入流于形式，成为教学的累赘，没有什么实际价值。

（3）新课导入要简洁明了。

当前高校每节课的时间为40分钟或45分钟，高校思想政治理论课一般是安排两节课连上。部分思想政治理论课教师在新课导入环节，要么是由于导入的信息量大，要么是由于导入的难度过大，造成新课导入的时间过长，达到10~20分钟，显得纷繁复杂，喧宾夺主。为提高教学效率，新课导入的内容需精心设计，争取用最短的时间和最少的语言，快速而有效地拉近师生之间的距离，缩短学生与教材之间的距离，引导学生将注意力集中到学习新内容上来。所以，新课导入时间不宜太长，时间控制在3~5分钟为宜。

4. 教学方法

毛泽东同志提出："我们不但要提出任务，而且要解决完成任务的方法问题。我们的任务是过河，但是没有桥或没有船就不能过。不解决桥或船的问题，过河就是一句空话。"① 列宁在《哲学笔记》中引用过黑格尔的一段话："在探索的认识中，方法也就是工具，是在主体方面的某个手段，主体方面通过这个手段和客体相联系。"② 可见，教学方法对于高校思想政治理论课至关重要。教学方法是教材体系转向教学体系，实现教学目标的关键环节。2017年2月，中共中央、国务院印发的《关于加强和改进新形势下高校思想政治工作的意见》中指出，深

---

① 毛泽东选集第1卷 [M]. 北京：人民出版社, 1991：139.
② 列宁全集第55卷 [M]. 北京：人民出版社, 1990：189.

入实施高校思想政治理论课建设体系创新计划，就要创新教学方法，增强教学吸引力、说服力、感染力。长期以来，思想政治理论课教师都在持之以恒地进行教学方法的创新。以"思想政治理论课教学方法"在中国知网进行检索，搜索到11 635条结果，既有从宏观上论述高校思想政治理论课教学方法改革的重要意义、紧迫性、特点、路径等，也有从微观上结合学生特点、课程特色、学校实际探索案例教学等具体教学方法，可谓"百花齐放、百家争鸣"。尽管部分院校尝试通过统一教学方法以提高教学效果，但"教无定法，贵在得法"，相对不同的教师、不同的教学内容，教学方法的运用不可能搞大一统。

中华人民共和国成立以来，通过长期的教学实践，形成了一系列卓有成效的思想政治理论课教学方法，广泛运用于思想政治理论课常规教学之中。2013年12月，教育部在东北师范大学召开全国高校思想政治理论课教学方法改革现场经验交流会，李卫红在发言中讲道："我们讲改革教学方法，不是简单地改变传统课堂'灌输式''注入式'教学法，而是重在充分发挥学生学习理论的主体作用，激发学生内在的学习动力，引导学生主动参与课堂讨论，在交流中实现教学相长、共同提高。广大一线教师普遍采用启发式、参与式、研究式、专题式、案例式教学，运用多媒体、网络等现代教学手段，探索开展社会实践活动的途径和方法，激发学生的学习热情，取得了很好的效果。"① 目前，思想政治理论课常规教学方法主要有灌输式、启发式、参与式、研究式、专题式、案例式等方法。在进行教学设计时，可结合教学内容灵活运用教学方法，而不应拘泥于一种教学方法。

5. 教学小结

教学小结是指利用每次课结束前的3分钟左右时间对本次课的教学内容做一个言简意赅的总结。根据教学的需要，教学小结可分为概括总结式小结、首尾呼应式小结、情感激励式小结、悬念留置式小结、拓展延伸式小结等方式。高校思想政治理论课随着信息化发展，每次课包含概念、案例、视频等丰富内容，信息量比较大，知识点比较散，学生容易在认知上产生混淆，难以在短时间内理清所学的内容，因而普遍采用的是概括总结式小结。苏联教育家尼洛夫·叶希波说："通过总结学生在课堂上所学的主要事实和基本思想来结束一堂课是很有好处的。"由此可见，高校思想政治理论课教师针对每次课的教学重点和难点，将教学内容有机组织起来，通过言简意赅的教学小结，让学生的学习思维豁然开朗，有效地帮助学生理清知识点间的相互关系，掌握思想政治理论课学习方法，从而达到画龙点睛的效果。然而在高校思想政治理论课教学实践中，部分教师缺乏严谨的教学态度，教学设计中没有教学小结，也有部分教师不重视教学小结，没有精心设计，往往是在下课前匆匆几句带过，流于形式，这些忽视教学小结的做法亟待改进。

---

① 李卫红. 大力探索高校思想政治理论课教学方法改革［J］. 中国高等教育，2009（4）：6.

6. 作业布置

作业布置是教学设计的最后一个环节，是课堂教学的自然延伸和补充，能积极引导学生深入开展自主学习，能及时检验学生学习效果，能促进师生交流沟通。但目前高校思想政治理论课作业布置存在明显问题，大部分教师主要是结合教材课后思考题的方式布置作业。例如，《毛泽东思想和中国特色社会主义理论体系概论》中"社会主义建设道路初步探索的理论成果"课后思考题"党在中国社会主义建设道路的初步探索中取得了哪些重要的理论成果？"，以及《思想道德修养与法律基础》中"人生的青春之问"课后思考题"根据马克思主义关于个人与社会关系的原理说明人生的自我价值与社会价值的关系。"这些思考题虽然紧密联系教材理论体系，便于教师进行作业批改，但副作用严重，思考题答案为教材相关知识点，容易造成部分学生抄袭现象，如此课后作业不仅没有起到巩固学习的作用，反而在一定程度上对学风建设产生了消极影响，弱化了思想政治理论课教学效果。造成这种现象的原因是多方面的，有师资紧张原因而使教师在时间、精力有限的困境下只能采用标准答案快速完成作业批改，也有部分学生因学习积极性不高而应付式完成作业等。因此，加强高校思想政治理论课作业改革非常重要，可以从两个方面着手：一方面，利用信息化手段进行作业布置。围绕学生必须掌握的核心知识建立网络思想政治理论课题库，可采用从易到难的过关式方式激发学生的学习积极性，也可利用题库随机出题方式，让每位学生的作业都不同，杜绝抄袭现象。此外利用信息化大数据统计功能，也能大大降低教师批改作业的工作量，快速进行成绩统计，及时将学习效果对学生进行反馈。另一方面，采用丰富多样的作业形式。除了思考题式作业外，还可采用论文式作业、调查报告式作业、演讲式作业等多种形式。例如，《思想道德修养与法律基础》课程"向道德模范学习"可采用演讲式作业形式，布置一次主题为"发现我们身边的道德模范"的演讲，引导学生关注校园道德行为，以小见大，不仅能够引导学生发现身边的道德模范，增强对母校的认同感，而且能够鼓励学生向身边的道德模范看齐，在实践中提升自身道德素质。

教案撰写范例

××职业技术学院教案

备课组长签名＿＿＿＿＿＿＿＿＿＿　　　　教师签名＿＿＿＿＿＿＿＿＿＿

班级	××	××	××	××	××	××
日期	××	××	××	××	××	××
课题建设社会主义文化强国						
教学目标（知识目标、能力目标、素质目标）						

续表

1. 知识目标：理解建设社会主义文化强国的内涵、措施

2. 能力目标：培养学生正确跟帖的能力

3. 素质目标：增强学生的文化素质

教学重点：如何建设社会主义文化强国

教学难点：建设社会主义文化强国的内涵

课型：理论课

主要教学方法：讲授法、讨论法、案例法、分析法

教学过程

Ⅰ．组织教学（1分钟）

Ⅱ．新课导入（4分钟）

课堂提问：文化强国，强在哪里？

Ⅲ．讲授新课

一、文化强国的内涵（案例法，30分钟）

所谓文化强国，是指这个国家具有强大的文化力量。这种力量既表现为具有高度文化素养的国民，也表现为发达的文化产业，还表现为强大的文化软实力。建设社会主义文化强国，就是要着力推动社会主义先进文化更加深入人心，不断开创全民族文化创造活力持续迸发、社会文化生活更加丰富多彩、人民基本文化权益得到更好保障、人民思想道德素质和科学文化素质全面提高、中华文化影响力不断增强的新局面，建设中华民族共有精神家园，为人类文明进步作出更大贡献。

播放图片：机电贴吧帖子

帖子一：农大抓了一只恐龙，师大说放到动物园去，长大说放归自然，机电学院的男生听了，大吼一声："靠，谁敢动我们的校花，跟他拼了？"

帖子二：有课时间每天至少14个小时待在电脑前面，没课时间每天睡到11点左右起床，开电脑，边吃零食边玩电脑，下午5点到女生宿舍后面打1个小时左右的羽毛球，然后去食堂吃个饭再回宿舍继续玩电脑，熬到12点左右就睡觉，每周都是这样……坑爹的机电啊。

帖子三：为了自考，俺准备了3个手机，移动、联通、电信，看谁的信号好？

课堂讨论：

1. 看了这些帖子，你有什么感受？

2. 你会如何跟帖？

教师点评：人类文明进步的历史充分表明，没有先进文化的引领，一个国家、一个民族、一个单位不可能屹立于世界先进民族之林。当今时代，文化在竞争中的地位日益重要，谁占据了文化发展的制高点，谁就能够更好地在激烈的竞争中掌握主动权。

二、建设社会主义文化强国

1. 建设社会主义文化强国，需要培养高度的文化自觉自信（案例法，10分钟）

播放视频：国家形象宣传片亮相纽约时报广场

课堂提问：我们为什么要制作中国国家形象片？

中国国家形象宣传片是由国务院新闻办公室发起，是为塑造和提升中国繁荣发展、民主进

续表

步、文明开放、和平和谐的国家形象而设立的重点项目，是在新时期探索对外传播新形式的一次有益尝试。文化自信是一个国家、一个民族发展中更基本、更深沉、更持久的力量。坚定文化自信，事关国运兴衰，事关文化安全，事关民族精神的独立性。我国有着悠久的历史传统和深厚的文化资源，已经具备了相对雄厚的物质基础，人民群众对文化的需求快速增长，我国的文化发展面临着难得的机遇；也要清醒认识我国文化发展的历史和现状，增强文化自觉，坚定文化自信，更好地把握文化发展的规律，以主动担当的精神加快文化发展步伐，在传承中华优秀传统文化基础上发展社会主义先进文化，加快建设社会主义文化强国。

2. 建设社会主义文化强国，要大力发展文化事业和文化产业（案例法，15 分钟）

播放图片：党的十七届六中全会

中共十七届六中全会审议通过的《中共中央关于深化文化体制改革推动社会主义文化大发展大繁荣若干重大问题的决定》全面总结了党领导文化建设的成就和经验，深刻分析了文化建设面临的新形势和新任务，阐明了中国特色社会主义文化发展道路，确立了建设社会主义文化强国的宏伟目标，提出了新形势下推进文化体制改革的指导思想、重要方针、目标任务和政策举措，是当前和今后一个时期推进我国文化改革和发展的行动纲领，具有长远的指导意义。

播放视频：文化湘军

作为一个典型的内陆省份，横向比较，湖南省在区位、资源、资本乃至政策等方面，并无优势可言，以至于湖南人自己戏称当地经济是"稻草加烟草"的典型农业经济。然而，近年来，"文化湘军"却在人们惊诧的目光中异军突起，"超女""快男""动漫湘军""电视湘军""体坛体""文娱湘军"……种种文化现象蜚声业界，已经成为中国文化界的一道独特风景。文化产业连续五年保持20%左右的增速，已成为该省六大千亿元产业之一。不仅如此，这里创造了全国多个第一，湖南卫视在全国地方电视频道收视率排名中位列第一；湖南宏梦卡通集团的动漫产业排名全国第一，它生产的动漫剧收视率位居高位；田汉大剧院夜夜座无虚席让全国各大剧场望尘莫及；等等。湖南文化异军突起，令人刮目相看。

思考：文化湘军为什么能快速崛起？

教师分析："文化湘军"百舸争流形成的文化繁荣，来源于湖南人敢为人先的气魄和解放思想、不断变革创新的精神。《中共湖南省委关于贯彻党的十七届六中全会精神加快建设文化强省的意见》中指出：坚持敢为人先，推动改革创新。改革体制机制，创新内容形式，发挥科技带动作用，为文化繁荣发展提供不竭动力。

建设社会主义文化强国，必须大力发展文化事业和文化产业。发展文化事业和文化产业，要体现社会主义的制度特色。发展文化事业，要坚持政府主导，按照公益性、基本性、均等性、便利性的要求，加强文化基础设施建设，完善公共文化服务网络，让人民群众广泛享有免费或优惠的基本公共文化服务，在满足人民群众基本文化需求的基础上，提升国民素质。发展文化产业，要按照全面协调可持续的要求，推动文化产业跨越式发展，在满足人民多样化精神文化需求的基础上，使之成为国民经济支柱性产业，为推动科学发展提供重要支撑。要坚持以人民为中心的导向，深化文化体制改革，完善文化管理体制，加快构建把社会效益放在首位、社会效益和经济效益相统一的体制机制，激发全民族文化创造活力。繁荣发展社会主义文艺，完善公共文化服务体系，深入实施文化惠民工程，丰富群众性文化活动，满足人们过上美好生活的文化期待。加强文化保护利用和文化遗产保护传承。

续表

健全现代文化产业体系和市场体系，创新生产经营机制，完善文化经济政策，培育新型文化业态，推动文化大发展大繁荣。
播放图片："经济立国"到"文化立国"
播放图片：世界文化市场份额
3. 建设社会主义文化强国，必须提高国家文化软实力（案例法，15 分钟）
2011 年 3 月中国文化软实力研究中心等机构联合发布了《文化软实力蓝皮书：中国文化软实力研究报告（2010）》。这份报告中介绍：世界文化市场，美国独占鳌头，占 43% 的份额；欧盟紧随其后，占 34%；人口最多、历史悠久的亚太地区和澳大利亚仅占 19%。这 19% 中，日本占 10%，澳大利亚占 5%，剩下的 4% 才属于包括中国在内的其他亚太地区国家，这也就是说，我国文化产业在世界文化市场上的份额不足 4%。
课堂提问：我国在世界文化市场上的份额说明了什么？
教师分析：美国用三大片（薯片、芯片、影片）策略就征服了世界。日本"二战"后提出"经济立国"，在 20 世纪 70 年代一跃成为世界第二大经济体。但 90 年代，日本工业经济突然走向衰退，1995 年它又提出新的口号——"文化立国"，2003 年日本把文化产业确定为和工业同等重要的国民经济基础产业。古往今来，任何一个大国的发展进程，既是经济总量、军事力量等硬实力提高的进程，也是价值观念、思想文化等软实力提高的进程。文化软实力集中体现了一个国家基于文化而具有的凝聚力和生命力，以及由此产生的吸引力和影响力。提高国家文化软实力，首先要努力弘扬中华文化，推进中华文化创新发展，展示中华文化魅力，夯实国家文化软实力的根基；其次要讲好中国故事，传播好中国声音，阐释好中国特色，注重国家形象塑造，增强对外话语的创造力、感召力和公信力，提高国际话语权；再次要加强当代中国价值观念的提炼与阐释，拓展对外传播平台和载体，创新对外话语表达方式和传播渠道，使当代中国价值观念走向世界，提高当代中国价值观念的国际知晓率和认同度，实现文化软实力提升"形于中""发于外"。
Ⅳ. 小结（讲授，3 分钟）
通过本次课的学习，我们了解了文化强国的内涵，知道了从培养高度的文化自觉自信、大力发展文化事业和文化产业、提高国家文化软实力三个层面建设社会主义文化强国，更重要的是，我们应理论联系实际，以做高度文化素养的国民为标准，从一言一行开始，不断提升自身文化素养。
Ⅴ. 作业（讲授，2 分钟）
每位同学在湖南机电职业技术学院贴吧选三个存在问题的帖子，结合本次课所学内容进行跟帖，弘扬正能量，并截图提交。

四、思想政治理论课课件制作

（一）多媒体课件的优势

随着信息技术的快速发展，以多媒体计算机、多媒体投影仪为主要设备的多媒体教学方式已经在高校思想政治理论课教学中广泛普及。多媒体课件和教案一样是思想政治理论课教学设计的重要环节，相对于传统方式，思想政治理论课多媒体课件的优势主要体现在以下三个方面：

1. 信息量大

在传统的"黑板+粉笔"的模式中，思想政治理论课教师能够使用的教学资源较为有限。例如，教师如果要将授课主要内容在黑板上进行板书，需要花费大量的时间，因而在一堂课的时间内，教师讲授的信息量不得不受到限制，这就造成教学进度慢，学生的学习效率不高。随着信息化的发展，多媒体课件能够便利地将各种信息资源纳入其中。通过投影展示，多媒体课件既可以准确快速地展示思想政治理论课教学内容的主题框架，又可以围绕教学重点和难点将各种新观点、新思想、新问题进行具体展示，能在单位时间内展示丰富的学习素材，从而可以大大节约黑板板书时间，加快教学节奏，最大限度地优化教学过程，提高教学效率，进而解决思想政治理论课教学内容与教学课时紧张之间的矛盾。

2. 直观性强

思想政治理论课教师用黑板板书和口头表达向学生展现教学内容，虽然简单易行，但是常让学生感觉深奥抽象、枯燥乏味，难以激发学生思想的火花。多媒体课件集图片、文字、声音、影像于一体，通过生动的画面、丰富的视频等形式，创造图文并茂、声情融会、动静结合的教学情境。例如，讲授《毛泽东思想和中国特色社会主义理论体系概论》中"坚持人与自然和谐共生"的内容时，通过播放视频"台风'山竹'带来的海洋垃圾'复仇'"，展现台风"山竹"肆虐南方沿海城市后，留下的大量垃圾和树木残枝。仅广州市9月17日就清扫"山竹"带来的垃圾达5 890多吨，其中大多都是塑胶宝特瓶、保丽龙盒等难以分解的各种塑料制品，这些白色物质都是从海洋反冲回陆地的垃圾。醒过神来的网友感慨，人类曾经倾泻到海洋里的垃圾，现在海洋又还回来了，真是来而不往非礼也！有因必有果，大自然来清算我们人类过去造成的环境污染了。在这样一种情境中，更容易让大学生直观感受到建设生态文明是中华民族永续发展的千年大计，关系人民福祉，关乎民族未来，功在当代、利在千秋。这种通过视频播放产生的视觉效果，是绝大多数思想政治理论课教师无法用口头描述表达出来的。思想政治理论课多媒体课件可以在单位时间内通过丰富的音像、文字资料生动形象地激活教材文本语言、理论观点，将教学内容化抽象为具体、化静态为动态、化枯燥为生动，从听觉、视觉、感觉等多方面给予学生全方位、立体式的感官刺激，使教学内容更具有现场感和感染力，可以唤起大学生的注意力与兴趣点，让大学生产生持续的学习热情。

3. 便于共享

如今，随着共享经济的发展，越来越多的共享新事物出现在我们身边，以共享单车、共享汽车、共享充电宝等为代表的共享产品层出不穷，共享时代已然来临。就思想政治理论课而言，多媒体课件以数字化为基础，能够对文本、图形、图像、音频、视频等多种媒体信息进行采集、加工处理、存储和传递，便于通过网络、USB闪存盘等方式快捷传播，具有典型的共享性。因此，无论是教师培训、教研交流，还是课堂教学；无论是教师，还是学生，都习惯于在相关活动结束后向讲授者拷贝课件资料。对思想政治理论课教师而言，由于制作一次课的课件是极其费力费时的工作，而且教师教学设计能力参差不齐，所以将教学经验丰富、教学能力强的教师开发的内容充实、图文并茂、生动形象、感染力强的多媒体课件进行共享，能够为其他教师进行教学设计提供借鉴，能够从整体上有效地提升思想政治理论课教师教学设计水平。对于大学生而言，以教师的多媒体课件为基础，借助课件辅助教学功能，能够针对课堂学习过程中没有掌握的内容，灵活地利用课后时间进行自主学习。

（二）课件制作的原则

1. 拓展性原则

多媒体课件是信息化时代发展的产物，其丰富的教学素材和生动形象的展示方式，决定了思想政治理论课多媒体课件在教材体系转化为教学体系过程中发挥着重要作用。但是部分思想政治理论课教师在进行课件设计时忽视拓展性原则，习惯于将教材的知识体系简单复制到多媒体课件上，仅仅将多媒体课件作为一种代替黑板板书的简单展示手段，难以发挥多媒体课件在教材体系转化为教学体系过程中的独特优势。高校思想政治理论课教材是马克思主义理论研究和建设工程重点教材，为思想政治理论课课件设计提供了具有科学性、权威性、严肃性的课程知识体系。就像制作美食，要在原材料的基础上加入各种佐料进行烹制。例如，在设计毛泽东思想活的灵魂之群众路线时，可在课件设计"经典语录：毛泽东论群众路线"，将"真正的铜墙铁壁是什么？是群众，是千百万真心实意地拥护革命的群众。这是真正的铜墙铁壁，什么力量也打不破的，完全打不破的"[1]等观点用图片加文字的方式进行展示。高校思想政治理论课多媒体课件设计应在遵循教材知识体系的前提下，针对当前大学生的心理特点和成长需要，通过播放短小精悍的视频创设教学情境，运用典型案例材料进行问题剖析等拓展方式，对教材内容进行必要的加工、深化、拓展，进而制作出忠实于教材体系而又超越教材，内容丰富、条理清晰、重点突出、针对性强的多媒体课件教学体系。

2. 交互性原则

《现代汉语大辞典》将"交互"解释为"互相"，交互性可理解为一种双向互动的性质。当前，部分学生对思想政治理论课缺乏学习兴趣，其中一个重要原因是部分教师对交互性原则缺乏足够的重视。这些教师忽视学生的感受，不能根据学生的需求灵活地进行调整，而是习惯于按照预先制作的课件进行单向式讲授，教学方式只是由以往的"满堂灌"变成"多媒体灌"。尽管看上去教师站在讲台上能够结合课件滔滔不绝地讲课，但师生之间缺乏交流、沟通，台下的学生

---

[1] 毛泽东. 毛泽东选集（第1卷）[M]. 北京：人民出版社，1991：139.

听者寥寥，教学效率低下，将自己变成课件的"播放员"角色。思想政治理论课课件应注重教师与学生、学生与学生之间的互动，设计互动环节，改变过去那种单向性教学。具体而言，一是提问式互动。思想政治理论课教师在课件中需结合教学案例进行设问，一个好的设问往往能迅速激发学生参与互动的积极性，促进师生之间的互动。因此，提问不能是简单的知识性提问，而应是开放性的设问。二是讨论式互动。思想政治理论课教师在课件中可结合教学内容设置具有讨论价值的主题，引导学生畅所欲言，让学生能够充分吸取班级其他同学的想法，促进学生与学生之间的互动。此外，思想政治理论课教师在进行课件设计时还应具有一定的弹性，为教学互动提供足够的空间。

3. 艺术性原则

现代科学技术让多媒体课件集文字、声音、图像、视频、动画等素材于一体，提供了多种展现方式。因此，思想政治理论课课件设计也是一门艺术，需要注意两个方面：一方面，要注意课件模板的选择。面对网络上海量的课件模板，一些思想政治理论课教师在选择课件模板时存在两个极端，有些教师喜好五光十色的模板，过于花哨，有些教师只用白板，过于单调。在课件模板选择时，应该根据思想政治理论课课程性质和教学内容，选择简洁明了、颜色淡雅模板，让学生视觉感觉舒服、优美。另一方面，要注意课件页面制作。有些教师仅仅是将大段的文字复制在课件页面，有些教师只顾堆积素材而让课件页面排列凌乱，有些教师选择的图片、视频等素材清晰度不高，有些教师设置了大量的动画效果，这些都是不可取的做法。课件页面的文字要言简意赅，具有概括性、简洁性、逻辑性，将教学核心观点体现即可，文字的字体、颜色、大小设置应适当、协调。课件页面图片、视频等素材布局要大方、画面要美观。动画效果的选择不能贪多，适度使用盒状、擦除、展开、飞入、百叶窗、棋盘式等效果，此外尤其是要避免大量使用音效。课件页面制作要让学生产生清新、愉悦的感觉，加深他们对教学内容的感知、理解和记忆。

第四章

课堂教学

课堂是教学活动的主阵地，高校思想政治理论课教学的核心是课堂教学。思想政治理论课教学目标的实现最终都要通过课堂来实现，如果不能把握好新课导入、教学方法、课堂管理等关键性课堂教学环节，任何好的教学设计都将形同虚设。因此，搞好思想政治理论课课堂教学至关重要。

一、思想政治理论课新课导入

（一）问题导入

针对本次课所要讲述的内容，提出一个或几个能够快速引导学生思考的问题，通过对问题的分析、解答或造成的悬念来引入新课，可以点出学习的重点，明确学习的目标。例如，在讲授《毛泽东思想和中国特色社会主义理论体系概论》课程"从新民主主义到社会主义的转变"时，问题导入：中国从古至今经历了哪几种社会形态？如果可以选择的话，你愿意选择生活在哪种社会形态之中？为什么？第一个问题比较简单，是对学生进行社会性质的基础知识检测。第二个问题是一个具有开放性的问题，学生之前没有遇到过类似的问题，他们往往希望听听班级其他同学的看法，这样容易引导学生对社会性质的思考。教师在学生回答的基础上进行引导，根据生产关系的不同性质把人类社会依次划分为原始社会、奴隶社会、封建社会、资本主义社会、社会主义社会，今天我们将一起来学习中国是如何进入社会主义社会的。例如，在讲授《毛泽东思想和中国特色社会主义理论体系概论》课程"毛泽东思想的形成和发展"时，问题导入：毛泽东是马克思主义中国化的伟大开拓者，是毛泽东思想的主要创立者。你知道毛泽东是什么时候来到这个世界的？又是什么时间告别了这个世界？这个问题是一个知识性问题，虽然学生对毛泽东比较熟悉，但这个问题基本回答不了，通过网络搜索、查看人民币等方式，可以得到答案。教师结合毛泽东的生平进行分析，从19世纪末20世纪初，世界进入帝国主义和无产阶级革命时代。1917年俄国十月革命给中国送来了马克思列宁主义，中国革命从此有了科学的指导思想。中国在革命取得胜利后，又经历了第二次世界大战后两大阵营的对立和斗争，西方国家不仅对我国实行持续的封锁禁运，还极力推行和平演变战略。毛泽东思想正是在这样的时代条件下形成和发展起来的。①

（二）故事导入

通过短小精悍的故事的方法导入新知识，这种方法更容易吸引学生的注意力，给学生留下深刻的印象。例如，讲授《毛泽东思想和中国特色社会主义理论体系概论》课程"全面依法治国"时，故事导入：春秋时期，鲁国国王出巡，遇一羊群失窃案，久查未决。忽有人来告发，使案成功告破。国王下令奖赏告发人。该人却要求开恩，从轻处罚窃羊贼，因为那人是他父亲。"什么？你竟敢告你父亲？"国王怒道。"我认为你告父即不孝父母，不孝即不忠，不忠自己的父亲，即犯国法，犯法则死！"国王说道。可怜的告发人被揪出去杀了。结合这个故事，教师提问：①假如是你的话，你告不告？为什么？②告发者该不该杀？为什么？在学生讨论后，教师引导学生认识：法律是治国之重器，良法是善治之前提。全面依法治国是关系我们党执政兴国、人民幸福安康、党和国家长治久安的重大战略问题，是"四个全面"战略布局的重要组成部分。②

（三）音乐导入

《晋书·乐志》提出："是以闻其宫声，使人温良而宽大；闻其商声，使人方廉而好义；闻其角声，使人倾隐而仁爱；闻其徵声，使人乐养而好使；闻其羽声，使人恭俭而好礼。"音乐是人类生存的基本需要，选用与教学内容相关的音乐作品导入新课，可以快速地创设教学情境，增强教学的感染力，升华教学内容。例如，在讲授《毛泽东思想和中国特色社会主义理论体系概论》课程"邓小平理论的形成"时，可通过播放音乐《春天的故事》导入。

春天的故事

曲：王佑贵　　词：叶旭全、蒋开儒

一九七九年那是一个春天

有一位老人在中国的南海边画了一个圈

神话般地崛起座座城

奇迹般聚起座座金山

春雷啊唤醒了长城内外

---

① 本书编写组. 毛泽东思想和中国特色社会主义理论体系概论 [M]. 北京：高等教育出版社，2018：3.

② 本书编写组. 毛泽东思想和中国特色社会主义理论体系概论 [M]. 北京：高等教育出版社，2018：255.

春晖啊暖透了大江两岸
啊，中国，啊，中国
你迈开了气壮山河的新步伐
你迈开了气壮山河的新步伐
走进万象更新的春天
一九九二年又是一个春天
有一位老人在中国的南海边写下诗篇
天地间荡起滚滚春潮
征途上扬起浩浩风帆
春风啊吹绿了东方神州
春雨啊滋润了华夏故园
啊，中国，啊，中国
你展开了一幅百年的新画卷
你展开了一幅百年的新画卷
捧出万紫千红的春天
啊

通过音乐营造缅怀邓小平的教学情境后，再结合习近平的讲话："邓小平同志留给我们的最重要的思想和政治遗产，就是他带领党和人民开创的中国特色社会主义，就是他创立的邓小平理论。"[①] 从而导入到邓小平理论的教学。

（四）时事热点导入

将近期国内外重大事件和热点问题与相关教学内容联系起来，通过理论联系实际，能够激发学生的探究欲望。例如，在讲授《毛泽东思想和中国特色社会主义理论体系概论》课程"坚定价值观自信"时，可结合 2018 年 1 月文汇报发文：该反思 PG One 这样的"明星"怎么会红?！导入，而 PG One 凭借"中国有嘻哈"这档选秀节目夺冠而走红，拥有了不少青少年粉丝。其歌曲《圣诞夜》中有暗示吸毒、侮辱女性的低俗内容，被许多网友指责"人品乐品皆失格"。终于，这位原本号称要"怼天怼地"、讽刺网友是"不懂装懂键盘侠"的 PG One 在微博发声明道歉，并下架了相关歌曲。令人遗憾的是，风波并未因此平息。面对问题歌词的"实锤"、网友的摆事实讲道理，仍有大批年轻的粉丝搬出"嘻哈音乐本该如此""歌词不带脏，如同战士没带枪"的荒谬逻辑，维护他们眼中的"嘻哈偶像"。教师可请学生谈谈自己的看法，并结合文汇报文章观点分析一位公众人物、一首歌所带来的负面影响，远比大家想象中来得更可怕。对于大量尚

---

① 习近平. 在纪念邓小平同志诞辰 110 周年座谈会上的讲话 [M]. 北京：人民出版社，2014：21.

处在价值观形成阶段的年轻粉丝而言，披着"流行文化"外衣、良莠不齐的海量内容向他们涌来，他们能否有能力辨析，令人担忧。从而导入核心价值观承载着一个民族、一个国家的精神追求，体现着一个社会评判是非曲直的价值标准。全社会积极弘扬和践行社会主义核心价值观，才能汇聚起建设社会主义现代化强国和实现中华民族伟大复兴的中国梦的磅礴力量。

（五）诗词导入

利用古今中外的诗词导入新课，可以激发学生情感的共鸣。例如，讲授《毛泽东思想和中国特色社会主义理论体系概论》课程"坚持'一国两制'，推进祖国统一"时，运用中国现代伟大的爱国主义者闻一多1925年在美国纽约留学期间创作的一组诗《七子之歌·台湾》进行导入。

台湾

我们是东海捧出的珍珠一串，
琉球是我的群弟，我就是台湾。
我胸中还氤氲着郑氏的英魂，
精忠的赤血点染了我的家传。
母亲，酷炎的夏日要晒死我了；
赐我个号令，我还能背城一战。
母亲！我要回来，母亲！

90多年前这首诗歌中表达了一种渴望重回母亲怀抱的强烈情感，今天仍能深深打动每一个中国人。教师可先请学生谈谈自己对这首诗歌的感受，再引导学生认识实现祖国完全统一是全体中华儿女的共同愿望，是中华民族的根本利益所在。

（六）活动导入

通过设计学生易于参加的课前活动，可以活跃气氛，调动学生学习的积极性。例如，在讲授《毛泽东思想和中国特色社会主义理论体系概论》课程"新民主主义革命理论形成的依据"时，可先在黑板上画一条横线，在线头标注1840年，在线尾标注当前年份，请在横线上写出你认为最重要的一个时间，精确到年月日，随机挑选五位学生在黑板上写时间，然后再随机找其他学生猜猜黑板上的时间所代表的重要意义。通过这个互动活动，学生的积极性能够充分调动起来。然后教师小结：我们每一位同学都会按照不同的标准选择自己认为最重要的时间点，但从大多数同学的选择来看，选择率最高的时间点是1949年10月1日。今天我们就来学习中华人民共和国是如何建立的——新民主主义革命理论。

（七）视频导入

通过直观形象、生动活泼的视频资料，便于学生接受、理解，自然而然地导入本次课的主题。例如，讲授《毛泽东思想和中国特色社会主义理论体系概论》课程"促进'一带一路'国际合作"时，可以播放"一带一路"微视频《大道之行》，以一种全新方式打开世界，带领学生进入一个超乎想象的时空。教师再结合习近平讲话："以'一带一路'建设为契机，开展跨国互联互通，提高贸易和投资合作水平，推动国际产能和装备制造合作，本质上是通过提高有效供给来催生新的需求，实现世界经济再平衡……有利于稳定当前世界经济形势。"[1] 从而导入"促进'一带一路'国际合作"学习。

（八）材料导入

通过展示文献材料，引导学生阅读、分析、讨论。例如，讲授《毛泽东思想和中国特色社会主义理论体系概论》课程"新民主主义革命的总路线和基本纲领"时，可运用1948年8月美国国务院发表的《美国与中国关系白皮书》分析"近代中国为什么会发生革命？"材料：中国革命发生的原因有两个：一是中国的人口太多，没有饭吃；二是西方新思想的传入激起了"骚动和不安"。教师引导学生思考《美国与中国关系白皮书》关于"近代中国为什么会发生革命？"的分析是否正确？从而导入分清敌友，这是革命的首要问题。中国革命"主要地就是打击这两个敌人，就是对外推翻帝国主义压迫的民族革命和对内推翻封建地主压迫的民主革命，而最主要的任务是推翻帝国主义的民族革命"。[2]

（九）案例导入

将现实生活中出现的典型问题作为案例，通过引导学生讨论而导入教学内容。例如，讲授《毛泽东思想和中国特色社会主义理论体系概论》课程"建设美丽中国"时，可结合案例"河南一大学生捕鸟被判刑10年"进行导入。2015年7月，河南新乡一大学生小闫暑假期间和朋友在老家掏了16只鸟，并将部分卖掉，然而这些鸟却是燕隼，为国家二级保护动物，小闫日前被新乡辉县市人民法院判处有期徒刑10年6个月，其朋友也被判处有期徒刑10年。之后，小闫和小王均提出上诉，新乡市中级人民法院二审维持原判，其中，认定上诉人小闫和小王违反野生动物保护法规，非法猎捕国家二级保护动物燕隼和隼形目隼科动物16只，其行为均已构成非法猎捕珍贵、濒危野生动物罪，且属情节特别严重。组织学生讨论"大学生掏鸟16只被判刑10年半，冤不冤？"进而引导学生认识

---

[1] 习近平. 习近平谈治国理政（第二卷）[M]. 北京：外文出版社，2017：504.
[2] 毛泽东. 毛泽东选集（第二卷）[M]. 北京：人民出版社，1991：637.

到建设生态文明是中华民族永续发展的千年大计，关系人民福祉，关乎民族未来，功在当代、利在千秋。生态兴则文明兴，生态衰则文明衰，这是人类社会生态灾难总结出来的血的教训。生态环境没有替代品，用之不觉，失之难存。

（十）名言导入

古今中外有许多至理名言，耐人寻味，含义深刻，寓理深刻，具有振聋发聩的作用。在讲授《毛泽东思想和中国特色社会主义理论体系概论》课程"经济全球化深入发展"时，可用"这是最好的时代，也是最坏的时代"导入，这是习近平同志在瑞士达沃斯出席世界经济论坛2017年年会开幕式并发表主旨演讲时引用狄更斯名句纵论"经济全球化"。习近平同志在演讲中表示，理解许多人对于世界局势发展的忧虑。但他认为，并不能将此归咎于经济全球化。战争、冲突和地区局势不稳才是造成难民危机的根源，而非全球化进程。与此类似的是，金融危机是"过度追求利润以及缺乏经济调控"的结果。国际社会不应放弃全球化，而应消解其负面影响。他同时强调，中国是全球经济的受益者，更是贡献者。

二、思想政治理论课教学方法

中华人民共和国成立以来，通过长期的教学实践，形成了一系列卓有成效的思想政治理论课教学方法，广泛运用于思想政治理论课常规教学之中。目前，思想政治理论课常规教学方法主要有灌输式、启发式、参与式、研究式、专题式、案例式等方法。与此同时，随着学生特点、教学手段的发展变化，思想政治理论课也形成了任务驱动、情境教学法等特色教学方法。

（一）常规教学方法

1. 灌输式

灌输式教学方法是运用于思想政治理论课历史最悠久的一种教学方法。灌输式教学方法起源于马克思主义灌输理论，马克思主义提出："作为人类先进的、科学的社会主义意识是不能自发产生的，必须通过系统的学习教育才能把握。"[1] 列宁针对俄国工人运动的实际情况，进一步完善了灌输理论，他提出："工人本来也不可能有社会民主主义意识，这种意识只能从外面灌输进去。"[2] 灌输也是中国共产党思想政治工作的优良传统，对中国革命做出了重要贡献。就当代大学生现状而言，正确的思想政治观念不可能通过他们自觉的主动学习形成，灌输式教学方法仍然是思想政治理论课教学方法中一个重要的组成部分。

---

[1] 中共中央编译局. 马克思恩格斯全集（第18卷）[M]. 北京：人民出版社，1964：567.
[2] 中共中央编译局. 列宁全集（第6卷）[M]. 北京：人民出版社，1986：29.

灌输式教学方法的优势在于：一方面，面对复杂多变的国际意识形态领域的斗争，对大学生进行理想信念、马克思主义基本理论、党的路线方针、思想道德与法律规范的灌输，有利于统一思想、弘扬主旋律，有利于解决"培养什么人、如何培养人"这个决定国家前途命运的大问题；另一方面，能够让思想政治理论课教师在教材体系的基础上，严格按照教学计划、教学目标开展教学，较好地把握思想政治理论课教学实施。

但是，为什么灌输式教学方法备受争议呢？甚至有人提出灌输式教学方法已不能适应时代发展的需要。主要原因在于部分思想政治理论课教师对灌输式教学方法认识不到位，在教学实践中产生了消极影响。例如，部分思想政治理论课教师将灌输式教学方法错误地理解为"满堂灌""一言堂"，认为课堂教学就是"教师讲，学生听"，在教学中教师是中心，主宰教学，学生没有机会参与教学，只能被动听课，尽管教师非常辛苦，但教学效果极不理想。还有部分思想政治理论课教师将灌输式教学方法错误地理解为"照本宣科"，面对大学生，教学时强调纯粹的理论灌输，一味强调理论体系的完整性、严密性，从理论到理论，内容深奥艰涩，表面上大学生似乎能够听懂教师的每一句话，但上完课后往往产生空空如也的感觉。因此，思想政治理论课教师运用灌输式教学方法时，要注意两个方面：一是不能单纯使用灌输式教学方法，要与其他教学方法配合使用，避免把思想政治理论课教学变成教师的独角戏；二是要注意表达方式，要用通俗易懂、接地气的语言对深奥的理论进行解读，让学生能够真正听明白。

2. 启发式

启发式教学方法最早出现在《论语·述而》："不愤不启，不悱不发，举一隅，不以三隅反，则不复也。"孔子认为，教育学生，不到学生冥思苦想而仍不能领会的时候，不去启发学生；不到学生想说而又说不出来的时候，不去开导学生。如果学生不能举一反三，就不要再反复地给学生举例了。孔子的启发式教学思想对今天的高校思想政治理论课教学仍然有着深远的指导意义。

启发式教学方法的关键是通过有针对性的设问，充分调动学生的求知欲望，启发学生的思维，增强分析问题和解决问题的能力。例如，在讲授《毛泽东思想和中国特色社会主义理论体系概论》课程"实现社会主义现代化强国'两步走'战略的具体安排"时，可以组织学生讨论问题："2035年，你会变成什么样？国家会变成什么样？2050年，你会变成什么样？国家会变成什么样？"学生在回答自己在2035年、2050年变成什么样时，会从今后的年龄、工作、家庭等方面的变化进行具体的表述。但是回答国家在2035年、2050年变成什么样时，回答得比较抽象，基本能够回答"从2020年到2035年，基本实现社会主义现代化目标，从2035年到2050年，将实现建成社会主义现代化强国的目标"。这时教师可启发学生对比思考：从2020年到2035年，基本实现社会主义现代化这是一个比较宏观的目标，我们能否像分析自己一样更加具体地分析国家今后的变化？再启发学生从经济建设、政治建设、民生和社会建设、生态文明建设等方面具体分析国家今后的变化。然后再举一反三，启发学生具体分析2035年到2050年国家发展目标。

运用启发式教学方法时应注意两点：一是要准确把握学生的基本情况。用于启发性的问题不能过于简单，也不能过难，要恰到好处。问题过于简单，则变成走过场式的师生之间的一问一答。问题过难，则学生无法回答，部分教师没有意识到这个问题，而是常常抱怨学生的学习基础差，启而不发。思想政治理论课教师只有在把握学生基本情况的基础上，结合教学内容才能提炼出能够启发学生思维的问题。二是要营造平等和谐的学习氛围。在教学中常常出现教师提问后，所有学生都在回避教师的眼神并保持沉默，最后启发式提问变成教师的自问自答。并非是设问出了问题，而是压抑的课堂氛围造成一些学生不敢回答，一些学生不想回答。这种现象的主要原因是部分教师习惯于高高在上地俯视学生，平常与学生沟通、交流过少。因此，思想政治理论课教师要发自内心地尊重、关心每一位学生，只有在平等和谐的学习氛围中，学生才能积极思考、畅所欲言。

3. 参与式

参与式教学方法强调以学生为本，以活动为载体，突出学生的主体地位，让学生参与到教学之中。参与式教学方法能有效调动学生学习的积极性、主动性和创造性，变被动的"要我听"为主动的"我要说"，最大限度地调动广大学生的课堂参与热情，从而实现学生主体地位的回归。

参与式教学方法的关键是活动设计，引导学生参与教学的活动形式应是丰富多彩的，凡是便于学生参与的评论、演讲、辩论、头脑风暴、才艺表演等形式都可以采用。例如，在每次上《形势与政策》课前都可以安排"家事国事天下事事事关心"说新闻活动，请学生选择一个近期最关注的时事新闻进行评论，要求不能简单地复述时事新闻事件的来龙去脉，而是要结合自己实际进行思考，发表原创的评论观点，时间不用太长，3分钟左右即可。因为需要上讲台面对全班同学说新闻，所以上台说新闻的同学为了展示自己的水平一定会认真准备，深入思考，力争自己深思熟虑的评论观点能够一鸣惊人。比如，围绕"中美贸易摩擦"这一热点问题，有学生从"修昔底德陷阱"角度分析中美关系，并结合青年大学生实际提出处理人际关系不能用零和思维，而应该建立共赢思维；也有学生从美国商务部工业与安全局禁止美国公司向中兴通讯出口电讯零部件产品事件中分析，面对美国政府的封杀，中国企业当树立自力更生意识，进一步加强科技创新，降低对外国科技的依赖，作为大学生应该在大学学习过程中努力培养自身的创新意识，结合所学专业大胆进行科技创新。因为是班级同学在讲台上说新闻，而且所涉及的时事新闻事件往往是大多数同学都很关注的，所以台下的同学从心理上有听一听班级同学评论的兴趣。

思想政治理论课教师在运用参与式教学方法时，要避免"放羊式"参与，即将相关活动简单布置给学生后就放手不管，甚至部分教师将自己定位于旁观者，导致参与式教学达不到预期目标。因此，思想政治理论课教师应将自己定位于指导者、考核者。在学生进行相关活动时，要和学生一起落实相关细节，只有教师重视了，学生才会重视。在活动过程中，可根据活动的相关情况给予针对性指导，比如，在"家事国事天下事事事关心"说新闻活动中，一些学生由于种种原因会产生一些错误的评论观点，思想政治理论课教师应该包容学生，最好不要立即打断学生，但当学生发言完毕后，教师要采取适当的方式组织学生进行讨论，一方面要保护学生的积极性，不能一棍子将发言学生打倒；另一方面要及时纠正错误观点，提升学生思想认识。在活动结束后，思想政治理论课教师要和学生一起进行活动考核，引导学生进行活动反思。

4. 研究式

研究式教学方法也称发现法、探究法，其理论基础为布鲁纳的"发现学习模式"和皮亚杰的"认知发展学说"。思想政治理论课研究式教学方法是指在教师指导下，学生以教材相关内容为纲，理论结合实际地对思想政治理论课中的相关问题进行自主的、深入的研究。具体而言，思想政治理论课研究式教学方法的运用可以分为以下四个步骤：

第一步，学生自主确定研究主题。学生确定研究主题时容易出现脱离课程教材内容的现象，因此，思想政治理论课教师要引导学生在确定研究主题之前认真研读课程教材内容，再将自己的研究兴趣与课程教材内容相结合，找到一个有研究价值的主题。例如，《毛泽东思想和中国特色社会主义理论体系概论》课程可结合毛泽东思想的历史地位和当前相当一部分大学生不愿阅读毛泽东思想著作的现状，确定"大学生为什么要学习毛泽东思想"的研究主题。《思想道德修养与法律基础》课程可结合新时代的爱国主义和网络上出现诋毁英雄的不良现象，确定"崇尚英雄，精忠报国"的研究主题。

第二步，学生搜集资料，形成研究报告。学生可通过在图书馆查阅相关书籍、报刊，在网络检索相关资源等方式，获得第一手的研究资料；然后对收集到的资料进行消化吸收，并结合自己对现实的观察，形成研究观点、研究报告提纲，撰写研究报告初稿。在这个步骤中，思想政治理论课教师要注意给学生提前打好预防针，因为部分学生学习态度不端正，平时不努力进行研究，到要提交时随意采用复制粘贴的方式完成研究报告，应付了事，所以需要提前将研究报告要求、考核要求等相关要求向学生讲清楚。

第三步，研究报告研讨。因课堂时间有限，思想政治理论课教师可挑选部分典型性研究报告组织学生在课堂上进行现场研讨，其他的研究报告可要求学生提交到网络教学平台，利用课余时间进行互评。通过研讨，学生可根据自己研究报告存在的问题进行补充、完善，进一步进行思考，进一步优化研究报告。

第四步，研究报告评分。思想政治理论课教师对学生的研究报告进行评分，可结合研究报告的相关问题和学生进行个别交流，有针对性地帮助学生解决问题，并可将研究报告评分结果纳入教学考核之中。

思想政治理论课研究式教学方法具有开放性、自主性、创新性等特点，有利于引导学生通过结合某一问题自主地进行分析、探索、实践、创造，综合地运用已经学过的知识去真学真信真研真用马克思主义，学生将在研究过程中拓宽视野，体验到求知的快乐，获得知识、能力、素质的发展。

5. 专题式

专题式教学方法是指依据教学大纲规定的基本要求，按照课程内容的内在思想和逻辑关系，对教学内容进行整合和提炼，重新设置若干教学专题，并围绕专题确定教学方案，相对集中地进行教学的一种课堂教学方式。①

以高职院校为例，按照教育部关于思想政治理论课"05方案"的改革要求，各高校（包括本科、专科和高职）思想政治理论课教学都必须使用国家统编教材，由高等教育出版社统一出版，没有专门针对高职高专层次的专用教材。因此，高等职业院校在思想政治课理论教学中，既要遵循国家统编教材的基本要求，又要紧密结合高等职业教育特点，努力强化教学的针对性。只有这样，才能有效地提高高职院校思想政治课理论教学的实效性。实行专题式教学，可在教学内容的选择和组织上，依据教育部统一要求，紧密结合高等职业教育特点和高职学生的思想实际，选择、设置有关专题；在所选专题中，要充分采纳国家统编教材的相关内容，认真吸取思想政治学领域中的理论创新成果、国家最新颁发的有关方针政策，针对社会热点、难点、焦点问题，理论联系实际，从而更好地体现思想政治理论课教学的针对性和现实性。

专题式教学与一般知识性讲授的最大区别在于：知识性讲授一般按照教材的体例和结构顺序来讲授每一章节的内容，注重知识的整体性和系统性；而专题式教学是在对教材知识体系全面系统把握的基础上，结合学生的思想实际，设置若干专题进行授课，重在解决学生在理论和实践过程中遇到的实际问题，同时注意每个专题知识结构的系统性与严谨性。对于高校思想政治理论课的教学内容，实际上大学生在中学六年的政治课和历史课等相关课程中已经有所接触。因此，在实施专题式教学时，要注意与中学时期的相关教学内容搞好衔接，使学生不因学习内容的某些重复而产生"审美疲劳"。中学时期的教学重在要求学生"知其然"，以生动、鲜活的案例帮助学生理解"是什么"；而高校的教学不仅要使学生"知其然"，还要引导学生"知其所以然"，重在理论的深刻性、现实性与针对性，帮助学生确立马克思主义和中国特色社会主义信念，培养科学的世界观、人生观与价值观，用于指导自己的实践。

---

① 周选亮. 专题式教学——高职"概论"课教学改革的重要途径 [J]. 太原城市职业技术学院学报，2009 (6): 17.

此外，高校思想政治理论课实施专题式教学，必然要求教师对所讲专题进行深入和系统的研究，便于教师把学术成果转化为教学成果。教师在对某一专题进行专门研究时，需要对本专题问题的产生、发展、运用进行研究和分析，探究问题的根源，探索解决问题的办法，揭示其内在的规律性。在此过程中，教师的研究能力得以锻炼和提高；与此同时，教师通过对专题的研究，形成自己的观点和研究成果，在讲述专题时能把自己的最新研究成果第一时间传授给学生，丰富了教学内容，提高了教学水平，可反映出教师科学严谨的治学态度以及渊博的学识，充分展现教师的人格魅力。①

6. 案例式

案例教学法是通过对一个案例的描述和介绍，引导学生对这个案例中出现的问题或现象进行分析、论证、讨论，进而得出结论的一种教学方法。② 高校思想政治理论课实施案例教学应注意以下两点：

（1）选好案例。

案例选用恰当与否，教学效果会大相径庭，因此案例是思想政治理论课案例教学能否取得实效性的关键。首先，思想政治理论课教学案例要注意导向性。《中共中央国务院关于进一步加强和改进大学生思想政治教育的意见》（以下简称《意见》）指出，加强和改进大学生思想政治教育的指导思想是：坚持以马克思列宁主义、毛泽东思想、邓小平理论和"三个代表"重要思想为指导，紧密结合全面建设小康社会的实际，以理想信念教育为核心，以爱国主义教育为重点，以思想道德建设为基础，以大学生全面发展为目标。当前各种思潮客观存在，大学生正处于世界观、人生观、价值观的形成和成熟阶段，很容易受到社会思潮的影响和冲击，因此，思想政治理论课教学案例的选取要坚持马克思主义立场，突出社会主流意识形态导向，要用弘扬主旋律、正能量的案例引导学生，切实坚持正确的政治导向。其次，思想政治理论课教学案例要注意现实性。理论结合实际是思想政治理论课教学的基本原则，但有些教师习惯于选取一些高大、过于完美的教学案例，但时代差异太大，与学生实际脱节，对今天的大学生而言显得过于空洞。思想政治理论课教学案例应贴近现实、贴近生活、贴近学生，结合大学生普遍关心的社会发展、主要矛盾、社会热点和焦点问题、人们思想状况等现实问题，帮助大学生解决思想困惑、思想疑虑。例如，讲授《毛泽东思想和中国特色社会主义理论体系概论》课程中"科学技术是第一生产力"时，可选用"新四大发明"作为教学案例。2017年5月，来自"一带一路"沿线的20国青年评选出了中国的"新四大发明"：高铁、扫码支付、共享单车和网购。从而帮

---

① 张敏. 高职思想政治理论课实施专题式教学的思考［J］. 湖南大众传媒职业技术学院学报，2012（3）：97-99.

② 郑金洲. 案例教学指南［M］. 上海：华东师范大学出版社，2000：1.

助学生理解社会生产力的巨大发展，劳动生产率的大幅度提高，最主要的是靠科学的力量、技术的力量。最后，思想政治理论课教学案例要注意生动性。相对于大学生学习基础，理论比较抽象，在部分学生眼中思想政治理论课枯燥、无味。思想政治理论课教学案例只有尽量形象、生动，适合学生的需求，特别是采用典型性视频案例等方式，让学生如身临其境，才能引起学生触景生情，才能引起学生思想与情感的共鸣，才能激发学生关注的兴趣，学生也才会在案例的引导下积极思考，展开讨论分析，把枯燥的理论形象化，深奥的原理通俗化。例如，讲授《毛泽东思想和中国特色社会主义理论体系概论》课程中"把节约资源放在首位"时，结合视频"光盘行动"案例，引导学生分析学校食堂光盘行动现状，思考为什么必须在全社会、全领域、全过程都加强节约？当然，高校思想政治理论课教学案例也不能脱离教学内容，为了片面追求课堂气氛的生动、活泼，而盲目列举大量案例。

（2）用好案例。

"案例教学最本质的特征就是在教育教学过程中确立与凸显出学生的主体地位，培养与发挥学生的主体性与创造性，充分地引导和调动学生积极发现问题、主动解决问题，培养学生的自我教育能力。"[①] 因此，要搞好思想政治理论课案例教学，首先，要确立学生的主体地位。部分思想政治理论课教师为了突出案例教学，一堂课使用了大量案例，虽然表面上看上去内容充实，学生似乎也目不暇接，对各种各样的案例充满兴趣，但没有留给学生充裕的时间去展开思考、讨论、总结，造成案例分析不透彻，沦为案例的集中展示，教学效果不理想。因此，思想政治理论课案例教学一定给学生提供充分表达个人观点和见解的时间，创造条件让学生发现问题、解决问题。其次，要发挥教师的主导作用。思想政治理论课案例教学具有开放性，基于学生理论基础和社会经验的差别，学生会围绕相关案例得出截然不同的观点、结论，一些学生会偏离案例所引导的方向，出现跑题现象，一些学生甚至会出现偏激、错误的观点。当上述现象发生时，思想政治理论课教师要善于发挥主导作用，及时运用点评的方式发挥引导、掌控作用。引导学生时不能生硬地否定他们的观点，要讲究方式方法，注意保护好学生的学习积极性。

（二）特色教学方法

1. 任务驱动教学法

任务驱动教学法是以建构主义学习理论为指导，思想政治理论课教师针对教学目标和教学内容进行任务设计，激发学生强烈的问题意识，引导学生围绕一个共同的学习任务，积极应用各种学习资源，进行自主探索、互动协作学习。简而言之，任务驱动教学法就是以任务为驱动、教师为主导、学生为主体的教学方

---

① 杨慧民. 高校思想政治理论课案例教学法研究 [M]. 北京：高等教育出版社，2007：14.

法。例如，在讲授《毛泽东思想和中国特色社会主义理论体系概论》课程"健全人民当家作主制度体系"时，可以设置任务"国家大事，我们如何当家作主？身边的事，我们如何当家作主？"引导学生结合社会实际，充分运用网络资源，从人民代表大会制度、基层群众自治制度等方面，通过自主搜索、自主讨论、自主思考，正确认识我国社会主义民主。任务驱动教学法能够有效改变"教师讲，学生听"的被动教学模式，引导学生在课堂主动完成任务过程中，让学生直接感受到学习的乐趣和成就感，培养学生分析问题的思考能力、解决问题的实践能力、打破常规的创新能力，提高学生自主学习和团队协作的能力。当然也应认识到，对于思想政治理论课而言，不是每一次课都能运用任务驱动教学法，如果脱离思想政治理论课教学实际，任务驱动教学法不仅难以发挥其教学优势，而且会让教学陷入到形式主义之中。

2. 情境教学法

捷克教育家夸美纽斯提出："一切知识都是从感官开始的。"高校思想政治理论课不仅仅是传授知识、培养能力，还要熏陶情感。"情境"是对人的情感具有启发意义的人为环境，它对人的情感与行为的指引具有启发、调控与促进的功能。思想政治理论课情境教学是围绕教学目标，通过创设具有一定情绪色彩的、生动形象的场景，激发学生态度体验和情感认同，使学生的情感得到净化和升华，而促使学生主动参与教学过程的一种教学模式。思想政治理论课情境教学关键在于激发学生的情感，只有这样才能有效地调动学生的主观能动性，让学生全身心地投入到课堂活动中去，在陶冶情操的过程中理解和内化相关教学内容。例如，沈阳航空航天大学的思政课情景剧教学法，教师把教学内容与情景剧编演结合起来，学生在教师指导下进行情景剧的自编、自导、自演、自拍、自评，置身于一定的情景当中，体验或扮演不同的角色。在这一过程中理解和消化教学内容，引导学生在体验中引起生命的感动，在情景中触发价值判断，从而把理论知识的价值维度纳入主体的情感、态度和价值观之中。

3. 行动导向教学法

行动导向的概念来源于德国，姜大源对"行动导向"的定义为："由师生共同确定的行动任务来引导教学组织过程，学生通过主动和全面的学习，达到脑力劳动和体力劳动的统一。"行动导向教学的核心观点在于强调学生是学习过程的中心，教师是学习过程的组织者与协调人，教师通过"信息、计划、决策、实施、坚持、评估"六个步骤，让学生在周密的计划中"获取信息、制订计划、实施计划、评估计划"，让学生在亲身实践中，理解并运用知识解决实际问题，获取职业技能，从而形成自己的知识和能力。[①] 高校思想政治理论课行动导向教

---

① 姜大源. "学习领域"课程：概念、特征与问题——关于德国职业学校课程重大改革的思考[J]. 外国教育研究，2003（1）：27.

学应以学生为主体，以能力培养为核心，强调在行动中学习的教学观念。例如，在《思想道德修养与法律基础》课程中可设置模拟法庭，从信息收集、计划制订到方案的选择、目标的实施和信息的反馈再到成果的评价，引导学生参加教学全过程，让学生在亲身体验中学习，在动手、动脑的过程中认识到提升法律素养的重要性，在自我价值得以体现的过程中得到满足，从而提高学生学习的积极性、主动性、创造性。

4. 问题导向教学法

面对快速发展的社会生活和多元化的社会思潮，再加上大学生自身理论基础薄弱、认知水平不高，必然会产生各种各样的思想困惑和问题。高校思想政治理论课要想增强吸引力和说服力，必须面对并解决大学生的这些思想困惑和问题。思想政治理论课问题导向教学法就是以学生为主体，教师为主导，以学生最关心、最需要回答的问题为切入点，用科学的马克思主义理论作为指导，将理论知识与社会发展、实际生活相结合，进行针对性的解答和引导，从而激发学生的学习兴趣，培养学生提出问题、分析问题、解决问题的能力。思想政治理论课问题导向教学法的优势在于将深奥难懂的理论知识和学生迫切需要解决的社会热点问题紧密联系在一起，与学生的思维特点和兴趣热点相契合，有助于激发学生对理论学习的兴趣，解决学生的思想困惑，使思想政治理论课教学贴近实际，让马克思主义理论回归现实。例如，针对大学生特别关注的共同富裕问题，应以邓小平提出的社会主义本质理论为指导：一方面，分析清楚改革开放后我国出现社会贫富差距的原因；另一方面，要结合分配制度改革、精准扶贫、社会主义现代化强国"两步走"战略等具体实际，帮助学生认识到逐步实现共同富裕是社会主义的本质要求。

三、思想政治理论课课堂管理

（一）课堂管理的必要性

1. 落实高校思想政治理论课教学工作基本要求的需要

2018年教育部制定《新时代高校思想政治理论课教学工作基本要求》，指出思想政治理论课承担着对大学生进行系统的马克思主义理论教育的任务，是巩固马克思主义在高校意识形态领域指导地位、坚持社会主义办学方向的重要阵地，是全面贯彻党的教育方针、落实立德树人根本任务的主干渠道和核心课程，是加强和改进高校思想政治工作、实现高等教育内涵式发展的灵魂课程。可见，高校思想政治理论课不仅要对大学生进行马克思主义理论教育，更重要的是立德树人。

德国教育家赫尔巴特曾提出："如果不坚强而温和地抓住管理的缰绳，任何功课的教学都是不可能的。"① 没有良好的课堂管理做保障，思想政治理论课难以落实立德树人根本任务。

2. 应对高校思想政治理论课大班制教学的需要

随着高校扩招，面对人数众多的学生，思想政治理论课师资力量一直处于紧缺的状况，短期内难以按照师生比不低于1∶350的比例设置专职思想政治理论课教师岗位，目前，高校一般都是采用大班制教学来解决思想政治理论课教师紧缺问题，教学班人数少则80～90人，多则100人以上。处于大班制、大教室等不利于教学互动的环境中，学生的注意力容易走神，学习纪律自控力容易下降。一般而言，班级规模越大，课堂教学管理的难度越大。思想政治理论课教师如不加强课堂管理，会造成课堂纪律松弛，甚至有成为自由市场的危险。

3. 解决手机对高校思想政治理论课冲击的需要

随着信息化时代的快速发展，智能手机成为大学生的标配。智能手机在给大学生的学习、生活带来极大便利的同时，也造成了课堂低头族现象。2017年无锡商业职业技术学院以"聚焦手机依赖行为、关爱青年学生成长——'大学生手机依赖行为与课堂质量影响'"为主题，对16所本专科院校的1 000余名大学生开展了为期7个月的走访调研。此次调查显示，上课时经常使用手机的学生占到32.5%，偶尔使用手机的学生占比41.3%，两项之和已达73.8%，可见，学生课堂上使用手机已经占到了大多数。尤其是思想政治理论课为代表的公共基础课，受日趋严重的学习功利主义影响，部分学生不能正确认识思想政治理论课的意义，上课低头族现象更为严重，如不进行有效课堂管理，将极大冲击思想政治理论课课堂教学。

（二）课堂管理策略

1. 强化课堂管理意识

当前部分高校思想政治理论课教师对课堂管理认识不到位，课堂管理意识不强，甚至还存在抵触情绪，有的认为大学教师只要上好课就能保证教学质量，有的认为课堂管理是辅导员、学生干部的职责，有的认为通过抓课堂管理来提升课堂教学效果是教师教学能力欠缺的表现。例如，围绕课堂点名制度，有些教师认为教师只能通过精彩的教学吸引学生来教室上课，通过课堂点名强制学生来上课是没有意义的。部分高校思想政治理论课教师将课堂管理简单理解为管学生，因而产生不想管、不愿管的思想，从而否定课堂管理。部分高校思想政治理论课教师对课堂管理及其重要性的认识亟待提高。

---

① ［德］约翰·弗里德里希·赫尔巴特. 赫尔巴特文集：教育学（卷一）［M］. 杭州：浙江教育出版社，2002：23.

正确认识课堂管理，是强化高校思想政治理论课教师课堂管理意识的关键。

美国教育家布罗菲提出：出色的课堂管理不仅意味着教师已经使不良行为降到最低程度，促进了学生之间的合作，并能在不良行为发生时采取有效的干预措施；而且意味着，课堂总是持续这有意义的学习活动，整个课堂管理制度（包括但不限于教师维持纪律的措施），都是为了使学生参加有意义的学习活动达到最高程度，而不只是为了将不良行为降到最低程度。[①] 英国教育家斯宾塞提出："记住你的教育和管理目的应该是养成一个能够自治的人，而不是一个需要让人来管理的人。"美国教育家麦克卡斯林也认为，课堂管理"远远不是诱导学生的服从，它能够或应当成为促进学生的自我理解、自我评价和内化为自我控制"[②]。由此可见，对于课堂管理，不仅要充分认识到课堂管理是课堂教学最基础的保障，更要认识到课堂管理的育人功能。高校思想政治理论课教师应从思想上反思对课堂管理的错误看法，通过积极学习，强化课堂管理意识。

2. 营造和谐的课堂氛围

课堂氛围是指教师和学生在课堂教学过程中形成的某种占优势的综合的心理状态。如果学生情绪压抑、心不在焉、无精打采，或者师生之间关系紧张，缺乏最基本的信任，甚至存在对抗情绪，这样的课堂氛围不利于高校思想政治理论课课堂管理。只有在师生之间互相尊重、互相信赖、互相合作的和谐氛围中，高校思想政治理论课课堂管理才能有效开展。思想政治理论课教师在营造和谐课堂氛围中处于决定性地位，俗话说："亲其师，信其道，乐其学。"因此，教师必须具备相应的技巧和能力，才能使自己与课堂客观环境和学生之间的关系处于和谐之中。

（1）具备良好的师德师风。

学高为师，身正为范，教师通过自己在教学工作中的态度与行为为学生作表率，如教师每次提前15分钟进入教室做好充分的课堂教学准备，始终对课堂教学工作充满激情，始终一丝不苟地批改学生作业等，以自己积极的态度和良好的行为习惯来潜移默化地影响学生。

（2）具备令人信服的专业素养。

苏联教育家马卡连柯说："学生可以原谅教师的严厉、刻板甚至吹毛求疵，但是不能原谅他的不学无术，如果不能完善地掌握自己的专业，就不能成为一个好教师。"高校思想政治理论课教师不仅要熟练掌握马克思主义中国化的理论成果，并在此基础上紧密联系我国实际，实时把握国际国内要闻，熟知国家政策，了解社会动态和相关要闻，根据我国社会发展实践做出准确而又符合时代要求的解读，而且还要广泛涉及历史学、文学、美学、社会学、经济学、心理学、法学

[①] ［美］Vernon F. Jones & Louise S. Jones. 全面课堂管理：创建一个共同的班集体［M］. 方彤，等，译. 北京：中国轻工业出版社，2002：21.

[②] 魏青，桂世权，等. 教育学［M］. 成都：西南交通大学出版社，2006：261-262.

等多个知识领域。只有具有精深的专业素养，彰显思政课的理论和知识魅力，思想政治理论课教师才会让学生发自内心地信服。

（3）平等对待学生。

在课堂教学中，大多数思想政治理论课教师对于课堂管理普遍停留在管学生层次上，没有真正把大学生作为一个平等的人来看待，造成师生关系生疏、不协调。思想政治理论课教师应突破"教师"的身份，将自己定位于亦师亦友的身份，在平等的师生关系基础上，打破师生之间的隔阂，促进师生在课堂上的和谐共处。

3. 制定有效课堂规则

不以规矩不成方圆，课堂规则是进行有效课堂管理的前提条件，高校思想政治理论课制定课堂规则，需要注意以下三点：

（1）课堂规则应简明扼要。

思想政治理论课教师需针对课堂管理中存在的普遍现象结合学校的规章制度，用清晰明了的语言表述课堂规则，让学生一目了然，如上课有迟到、睡觉、玩手机现象一次扣5分，旷课一次扣10分，一学期旷课四次及以上取消课程考试资格。课堂规则切忌使用抽象语言，如上课旷课达到一定程度，将取消课程考试资格，一定程度是什么程度，如不表述清楚，对学生难以起到约束作用。课堂规则简明扼要，才能便于学生快速记忆，才具有全面落实的可能性。

（2）课堂规则应便于操作。

便于操作、利于执行的制度才是有效的制度，如果课堂规则不符合实际，执行困难，不利于操作，也就难以发挥应有的作用。例如，针对思想政治理论课堂教学过程中学生习惯于沉默是金的状况，为鼓励学生课堂积极发言，活跃课堂气氛，可以制定发言加分的规则，但是如果是在学生发言结束后立即进行登记，往往会占用有限的课堂教学时间，甚至干扰教学节奏。因此，在制定发言加分规则时，可明确由学生在课间休息时间主动找任课老师登记加分，这样既简单易行，又可加强师生之间的联系，一举多得。

（3）课堂规则应民主协商。

一些思想政治理论课教师习惯于单方面维护自身权威，制定课堂规则常常是从教师角度出发，忽视学生的看法，如有教师为了避免因学生迟到而打断教学进程，规定上课迟到的学生只能在课间休息时才可进入教室，这自然难以被学生接受。因此，思想政治理论课教师可根据课堂教学实际情况制定课堂规则初稿，利用思想政治理论课第一次上课的时间，向学生说明课堂规则的内容及依据，征求学生对课堂规则的意见。教师在综合学生意见的基础上，对课堂规则初稿进行进一步的完善，制定切实可行的课堂规范。课堂规则只有经过学生充分讨论和广泛认同，学生才会自愿、自然地接受规则，形成自我约束机制，才不至于让课堂纪律规范形同虚设。

4. 正确处理课堂不良行为

课堂不良行为是指课堂教学中发生的违反课堂规则、干扰课堂活动、影响教学效果的行为。"业精于勤而荒于嬉，行成于思而毁于随。"尽管大学生都已经成年，但由于缺乏足够的自控力，不可避免地会产生一系列课堂不良行为，如上课迟到、旷课、睡觉、玩手机、交头接耳、不想回答问题、坐教室后排、吃零食等。如果教师处理得当，将会收到令人满意的课堂管理效果；若处理不当，则会干扰课堂教学秩序，甚至严重影响教学活动的正常进行。因此，高校思想政治理论课教师须具体问题具体分析，有针对性地处理课堂不良行为。

（1）善用非语言动作。

非语言动作包括目光、面部表情、手势、身体轻微接触等。如果能恰到好处地运用非语言动作，能够有效处理课堂教学中出现的大部分不良行为。当学生迟到的时候，教师可以用点头示意的动作同意学生进入教室；当个别学生交头接耳的时候，教师可以用目光直视进行提醒；当刚上课时部分学生未能及时安静下来，教师可以用击掌进行提示；当个别学生精力不济而睡觉时，教师可以轻微拍一拍学生肩膀让其从沉睡中清醒过来，振奋精神；当部分学生经过课堂讨论而未及时停止的时候，教师可以通过停止的手势引导他们将注意力集中在教师身上；当个别学生上课吃零食时，教师可用惊奇的眼神进行制止。这些非语言动作看似简单，但是切实有效，而且不会影响课堂教学的进程。

（2）合理使用惩罚。

当非语言动作对学生课堂不良行为失效时，部分教师常利用教师权威采用严厉惩罚方式，这样虽能快速制止学生的不良行为，但副作用也较大，轻则破坏课堂氛围，重则激发师生矛盾，甚至引发师生在课堂上的对抗，对师生关系产生重大影响。一般而言，在高校思想政治理论课堂教学中简单生硬地使用惩罚，难以达到预期效果。与此同时，也要认识到没有惩戒的教育是不完整的教育，合理使用惩罚并非放弃惩罚，而是要让学生心服口服。因此，思想政治理论课教师在使用惩戒方式时需注意方式方法。例如，在管理学生上课使用手机时，强制没收学生手机往往会引发争议，但是教师可以从帮助学生调整上课状态的角度讲清为什么要登记学生上课玩手机情况，再实施对学生平时成绩进行相应扣分的惩罚时，学生基本能心甘情愿地接受惩罚。此外，高校思想政治理论课应避免在课堂中使用威胁性的语言进行惩罚，对于不听劝导的学生，可以在课后采用单独交流方式，让学生意识到自己的问题所在，通过引导学生自我反省来纠正课堂不良行为，这样可以达到更好的效果。

（3）积极调整心态。

由于目前高校思想政治理论课师资紧缺，造成思想政治理论课教师普遍处于工作超负荷状态，再加上社会地位、职称评定、各类考核的影响，致使思想政治理论课教师在生理和心理上均承受着过大的压力。面对课堂不良行为压力时，如果不能积极调整心态，极易发生心态失衡，不利于课堂管理。思想政治理论课教师要学会换位思考，善于多角度、全方位地分析学生课堂不良行为问题，养成宽容的心态，形成积极心理暗示，最终形成良好的自我情绪调控能力。高校思想政治理论课教师只有具有稳定健康、积极向上的心态，才能从容处理课堂上学生的不良行为。

四、思想政治理论课教学反思

（一）教学反思的内涵

申继亮等认为，教学反思指教师为了实现有效的教育、教学，在教师教学反思倾向的支持下，对已经发生或正在发生的教育、教学活动以及这些活动背后的理论、假设，进行积极、持续、周密、深入、自我调节性的思考，而且在思考过程中，能够发现、清晰表征所遇到的教育、教学问题，并积极寻求多种方法来解决问题的过程。[①] 于海波等认为，教学反思是指教师对教学活动所关涉的种种问题进行多视角、多层面，反复、深入、认真地审视与思考的过程与行为。[②] 吴舫认为，教学反思是指教师对自己教学前、教学中或教学后的经验或行为加以审视、分析、批判和调整，并改进自己的教学，以期达到更好的教学效果，进而促进自身专业成长的过程。[③] 安富海认为，教学反思是指从觉察、分析教学活动开始到获取直接的、个人化的教学经验的认知过程，即个体自我经验总结回顾的过程。[④]

（二）思想政治理论课教学反思存在的问题

美国教育心理学家波斯纳提出教师专业成长公式"成长=经验+反思"，叶澜指出："一个教师写一辈子教案难以成为名师，但如果写三年反思则有可能成为名师。"教学反思在促进高校思想政治理论课教师提升课堂教学能力方面具有重要作用。然而，由于教学反思氛围不浓、意识淡薄等原因，目前，高校思想政治理论课教学反思还存在明显不足。

1. 教学反思氛围不浓

教学反思既可以通过思想政治理论课教师个体对教学活动所关涉的种种问题进行深入思考来实现，也可以通过思想政治理论课教学团队研讨来进行，但目前教学反思氛围不浓，没有形成有效机制促进思想政治理论课教师个体和教学团队

[①] 申继亮，刘加霞. 论教师的教学反思 [J]. 华东师范大学学报（教育科学版），2004（3）：44.
[②] 于海波，马云鹏. 论教学反思的内涵、向度和策略 [J]. 教育研究与实验，2006（6）：12.
[③] 吴舫. 教师教学反思行动的现状分析 [J]. 教学与管理，2011（3）：53.
[④] 安富海. 教学反思：内涵、影响因素与问题 [J]. 河北师范大学学报，2010（10）：80.

有效营造合作、分享的教学反思氛围。从学校层面看，主要是由于目前高校普遍存在重科研、轻教研现象，教学反思往往被弱化。从教师层面看，许多教师把课堂看作是一个相对自主的领域，教学是教师高度个人化的活动，习惯于以单干的方式进行教学反思，甚至部分教师存在不想将自己的教学问题让别人知道的心理，致使教师之间缺乏足够的教学反思交流。

2. 教学反思意识淡薄

部分高校思想政治理论课教师完成课堂教学后，认为教学工作到此为止，不愿再花时间和精力进行教学反思，即使有些学校要求教师在教案的最后一个环节撰写教学反思，也是怀着一种应付心态，用形式化的语言写上几句空话与套话，没有实质性的内容。造成高校思想政治理论课教师教学反思意识淡薄的原因主要有两点：其一，从主观原因看，没有将教学当做事业。一些教师没有充分认识到思想政治理论课教学工作的重要意义，又因为高校思想政治理论课程相对固化，相同的教学内容、教学方法、教学手段容易使教师产生习惯性思维，所以部分思想政治理论课教师常常依赖原有的经验来处理教学问题，不能精益求精地进行教学反思。其二，从客观原因看，学校缺乏有效的引导机制。就目前高校现有的教师考核、职称评定规则看，科研比重远大于教学比重，为了在教师考核、职称评定中获得更好的结果，思想政治理论课教师只能将课余时间的主要精力都用于科研，缺乏足够的教学思考时间和精力。

（三）教学反思的内容

1. 提炼成功经验

在课堂教学之前，思想政治理论课教师都进行了详细的教学设计，但这些教学设计是否达到了理想的教学效果，只能通过课堂教学实践进行检验。新课导入是否能够迅速引导学生进入本次课的教学情境？教学案例是否激发了学生的学习兴趣？教学视频是否能够帮助学生更直观地了解教学内容？课堂提问能否引导学生进行深入思考？课堂管理是否到位？思想政治理论课教师都应通过对比的方式，从教学设计的目标对比课堂教学实践的结果，认真细致地总结每一个成功的做法，特别是要总结那些并不是当初设计好，而是在课堂教学过程中随机产生的教学灵感，这些都是促成教学成功的重要因素。思想政治理论课教师如果能持之以恒地对课堂教学成功经验进行整理、总结，长此以往，对学情的了解会越来越准确，教学资源会越来越丰富，教学方法会越来越灵活，教学经验越来越丰富，教学能力会越来越强，最终完成由量变向质变的飞跃。

2. 发现并解决问题

从某种程度上来说，课堂教学永远是一门有缺憾的艺术，再精彩的教学也会有些不尽如人意的地方或存在这样那样的问题，由于课堂教学不可能再重来一次，所以总是令人遗憾。"教然后知困"，但正是这些问题，对于改进课堂教学却具有极大的价值,也具有极大的研究价值。采用怎样的方式才能有效管理好学生的手机?教师的语言表达怎样才能通俗易懂?教学案例如何才能剖析到位?信息化的教学手段如何才能有效融入思想政治理论课教学?如果思想政治理论课教师能够正确对待这些问题,通过不断加强教育教学理论学习,并在教学实践中积极寻找解决的办法,就会有所发现、有所突破、有所创新。

第五章

信息化教学

信息化是当前时代发展的大趋势，正深刻改变着人类社会生产、生活等各个方面。《国家中长期教育改革和发展规划纲要（2010—2020年）》提出"把改革创新作为教育发展的强大动力"，物竞天择，适者生存，面对今天这个高速发展的信息时代，思想政治理论课教师只有努力把握信息化发展潮流，不断增强信息化教学能力，运用新的信息化手段调动学生学习兴趣，才能取得更好的教学效果。我们以《毛泽东思想和中国特色社会主义理论体系概论》课程为例，以世界大学城职教新干线、泛雅等网络平台为载体，改进传统教学，开展思想政治理论课信息化教学探索。

一、思想政治理论课信息化教学的内涵及目标

（一）思想政治理论课信息化教学的内涵

思想政治理论课信息化教学是指，以世界大学城职教新干线、泛雅等网络平台为载体，通过教师根据教学内容上传的视频、图片、文字等各种碎片化教学资源，形成一个形式多样、内容丰富、可供学生自主选择的教学资源库，以教学资源库为平台进行课堂教学，帮助学生课外自学；通过设置学习群组，引导学生就教学内容、思想困惑、社会热点等问题进行深入交流、探讨，鼓励学生利用网络资源等互相答疑解惑，对其中有效资源进行归纳总结，作为教师信息化教学资源库的一个组成部分；通过教学空间，布置作业及考试，制定评价标准，师生共同完成课程考核。

（二）思想政治理论课信息化教学的目标

思想政治理论课信息化教学的目标主要体现在五个方面：一是在教学形式上，以网络为载体，突破黑板板书、PPT等传统教学形式，充分利用各种信息技术和网络资源，实现思想政治理论课信息化；二是在交流方式上，借助学习群组、空间留言、私信，解决现今大班教学所造成的师生交流、互动困难状况，为学生提供一个畅所欲言的交流平台，使师生之间、学生之间能够便捷地

进行沟通、探讨，实现由以往的单向交流转向多向交流；三是在教学内容上，利用网络信息的快捷性，理论结合实际，将最新发生的相关事件作为教学案例，增强思想政治理论课的现实性；四是在教学效果上，学生通过在自己的空间发布博客、浏览他人空间资源或进行资源评论、加入学习群组等方式使自己不再是简单被动地接收信息，而是主动地建构知识，增强思想政治理论课的针对性、实效性；五是在考核方式上，学生成绩由学生自评、小组互评、教师评价组成，增强考核的科学性和准确性。

二、信息化教学相对于传统教学的优势

（一）多维互动

90后、00后大学生具有个性鲜明、自我意识强烈、思想开放、善于自我表现等特征，使传统思想政治理论课所采用的单向的、静态的灌输式教学效果差强人意。信息化教学通过留言评论、群组交流、发送私信等方式为师生提供了一个灵活方便的互动平台，这个互动平台可以缩短师生之间的距离，加强学生之间的沟通，从而有效克服课堂教学时间紧、师生比例过大等不利于师生互动交流的障碍，形成学生与教师、学生与学生、学生与集体之间的多维互动。

（二）贴近现实

理论联系实际是思想政治理论课教学的基本原则之一，信息化教学可以运用互联网这个信息传播工具将身处校园的学生快速地与整个世界联系起来。信息化能让学生在第一时间了解国内国际重大事件、党和政府的相关政策及学生关注的热点问题，并引导学生运用马克思主义理论进行深入分析，帮助学生正确认识改革开放和社会主义现代化建设的实际、学习生活的实际，从而使思想政治理论课避免空洞的说教，切实做到坚持理论联系实际，贴近实际、贴近生活、贴近学生。

（三）个性化学习

因材施教、加强针对性是现今思想政治理论课大班教学亟待解决的一个重要问题。信息化教学是按照思想政治理论课的培养目标将教案、多媒体课件、案例、作业等素材上传到教师空间，同时提供辅导答疑系统，从而建立内容丰富而完备的教学资源库，为学生提供一个针对性强的个性化学习平台。学生可以根据个人的兴趣爱好、个性特点、专业和今后的职业生涯取向，随时、随地通过网络访问、下载教学资源库资源、与教师探讨等方式进行自主学习，最大限度地挖掘学生的学习潜能，满足学生个性多样化和与时俱进的需求。

三、思想政治理论课信息化教学现状分析

（一）已取得的成绩

1. "校校有平台、人人有空间"为思想政治理论课信息化教学提供了坚实的基础

例如，湖南职业教育依托"世界大学城"云计算平台创建了"职教新干线"，将互联网各种应用功能和云计算、Web2.0 技术和服务模式，智能化汇聚到每一个院校及其师生空间平台。思想政治理论课可以克服网络技术等难关，以网络学习空间为载体，便捷地将海量信息中最新的、有效的资源，特别是普通服务器无法大量承载的视频资源用于教学，教师授课、学生提交作业、课后交流、学习考核等都能通过网络空间进行。目前，湖南省教育厅已将全省所有职业学校纳入职教新干线，半数以上学校师生开展了信息化教学，充分利用空间进行教育教学是推进教育信息化发展的必然趋势。2010 年至今，"职教新干线"已建有机构平台 181 个，师生教学空间 50 余万个，教师和学生互动超过 4 500 万人次。① 从而使将现代信息技术、资源和思想政治课教学实践融合落实到每个教师和学生的日常教学活动与学习活动中成为可能。

2. 教育信息化推动思想政治理论课教学方式变革

湖南教育信息化资源建设的新思路是：企业投资搭建平台，院校按需购买服务，资源建设人人参与，政府推动评价激励，互连互通实名管理，信息化教学推陈促新。② 思想政治理论课信息化教学必须由传统教学方式向新教学方式转变，"用空间上课将是课堂教学的一场革命"。③ 思想政治理论课信息化教学对以往侧重理论体系的知识体系进行解构，在以学生为本的基础上进行重构，创建了以表格化教案、嵌入式案例、单元地图、知识墙等为代表的课程资源，这些课程资源呈现出模块化、集成化、图表化、泛在化、适时化等特点，从而使思想政治理论课教学从单调的教师展示向教与学双向互动交流转变，从单向的教师备课向师生共建资源、共享资源转变，从单一的课件教学向丰富多彩的资源教学转变。

3. 进一步增强了思想政治理论课的实效性

思想政治理论课信息化教学采用网络这一深受大学生喜欢的载体开展教学，比传统教学载体有着更强的吸引力，更能调动学生的学习积极性；借助网络海量

---

① 屈一平. 湖南"未来课堂"起步 空间教学有助解决误区 [EB/OL]. http://edu.people.com.cn/n/2012/0702/c1053 - 18425824. html，2012 - 07 - 02.

② 王键. 云计算开创湖南教育信息化建设新局面 [EB/OL]. http://www.worlduc.com/blog2012.aspx?bid = 9022638，2012 - 6 - 16.

③ 刘洪宇. 空间革命—高职院校开放发展的新起点 [J]. 长沙民政职业技术学院学报，2011 (1)：8.

的信息能引导学生理论联系实际，关注社会实际，增强学生分析问题、解决问题的能力，帮助学生今后更好地适应社会发展；在建构主义学习理论的指导下帮助学生在学习过程中克服以往的依赖思想，主动地建构自己的知识体系；依靠便捷的联络方式使师生之间实现了不受时间与空间限制的沟通、探讨，增进了师生之间、学生之间的感情；通过视频、图片、动画等形式展示的教学案例引发学生心灵深处的感动，培养学生的社会情感品质，发展他们的自我情感调控能力，形成独立健全的个性与人格特征，树立正确的世界观、人生观和价值观。

（二）存在的不足

1. 评价体系不健全

当前湖南高校开展了形式多样的信息化教学评比活动，以评促建，以期推进信息化教学迅速发展，但因评价体系不健全，使信息化教学评比活动的效果不尽如人意。就思想政治理论课信息化教学而言，存在着评价目的的偏离，停留在推动教学形式变革的表面，忽略了思想政治理论课的根本目的；评价指标缺乏科学性，重数量而不重质量，一部分高校仅仅将文章数、视频数、帖子数、浏览量等可量化的指标作为考核依据，造成教师与学生花费大量精力将许多无效资源充斥于空间之中，误导了教师与学生对信息化教学的认识；评价方法缺乏多样性，主要是组织校内领导、专家通过空间检查、评比的方式进行，由于受专业、时间、精力限制，评价的偶然性、局限性较大，很难反映出思想政治理论课信息化教学的实际水平。

2. 软件、硬件不到位

思想政治理论课信息化教学对职教新干线空间技术、学校网络硬件设备、师生网络操作能力提出了更高的要求，但是现状却差强人意，如职教新干线在空间用户激增、资源激增的情况下，存在空间上传资源速度慢、视频格式单一、空间目录建设不便、网页有时无法打开等问题；各院校电子教室数量有限，使思想政治理论课信息化教学还处在个别学校的个别教师的教改探索阶段，不能大规模普及；对在校大学生而言，电脑还未普及到人手一台，而学校也未能提供廉价、便利的上网空间，给学生在空间完成作业、参与群组讨论等方面带来了极大的不便；对教师、学生的空间实际操作能力培训不够，使部分师生产生畏难心理，对思想政治理论课信息化教学持抵触情绪。

3. 思想政治理论课信息化教学研究不深入

思想政治理论课信息化教学是一个新生事物，处于发展的初级阶段。目前，高校思想政治理论课教师对信息化教学的理念、具体运行方式、考核评价等方面的认识还不成熟，缺乏成功经验，存在着一系列问题，如空间与学生的互动大多停留在作业批改方面，反而增大了教师的工作量；空间资源数量不少但能吸引学生浏览的有效资源匮乏；部分高校从形式上统一了信息化教学资源模式，表面上整齐划一，但忽视了思想政治理论课学科特点；教学方式仅仅是在PPT课件教学模式上简单分解，缺乏创新性等现象。因此，如何以职教新干线教学空间为载体，结合思想政治理论课特点更好地开展教学活动，是思想政治课教师亟待解决的新课题。

（三）加强思想政治理论课信息化教学的对策

1. 加强对师生的培训

思想政治理论课信息化教学的开展是一项技术性强、涉及面广且长期的系统工程，这就要求各高校在不断投入改善硬件的同时，要大力开展多层次的信息化教学知识技能培训。首先，进行网络技术培训以提升信息化教学、学习能力。让全体师生了解信息技术，了解信息化教学与学习的基本操作，以消除师生对信息技术的畏难和抵触意识，提升教师在网络条件下开展教学的能力，增强学生运用空间自主学习的能力。其次，帮助教师树立正确的信息化教学理念和浓厚的信息化教学意识。目前，思想政治理论课信息化教学效果未达到理想状态，究其原因，主要是思想政治理论课教师对信息化教学理念认识不够。因此，要从分析信息化教学的现实意义、对比信息化教学与传统教学的效果等方面引导思想政治理论课教师认识到其重要性和必要性，帮助教师形成正确的信息化教学理念，让信息化教学成为思想政治理论课教师的一种内在需要。

2. 不断完善信息化教学运行方式

思想政治理论课信息化教学只有在教学实践的不断探索中才能逐步完善，结合当前信息化教学实际，应从两个方面重点突破：一方面，群策群力建设资源库。空间资源库是信息化教学的基础，目前资源库建设处于各自为战的状况，重复建设现象严重，消耗了教师大量的精力，应以课程、院校为单位，共同建设教学资源库，这样可以集中同一门课程教师的集体智慧，精选视频、图片、文字等各种素材，提高空间资源建设质量，让教师有更多的精力、时间与学生进行互动交流。另一方面，改革教学方法。新的教学载体必然要求新的教学方法与之相适应，以教师为主体的灌输式教学模式已不符合信息化教学的要求，因此，思想政治理论课信息化教学应转变为教师引导、学生主体的学生自我构建知识模式，通过问题、任务激发学生的思考，引导学生围绕相关问题查阅资料、独立思考、相互探讨，在搜索、思考、讨论中增长知识，提升能力。

3. 制定科学的评价体系

制定科学的思想政治理论课信息化教学评价体系，是提高思想政治理论课信息化教学质量的必然要求。

第一，明确评价目标。《中共中央国务院关于进一步加强和改进大学生思想政治教育的意见》提出，加强和改进大学生思想政治教育的主要任务是以理想信念教育为核心，深入进行树立正确的世界观、人生观和价值观教育；以爱国主义教育为重点，深入进行弘扬和培育民族精神教育；以基本道德规范为基础，深入进行公民道德教育；以大学生全面发展为目标，深入进行素质教育。

思想政治理论课信息化教学应以是否完成上述任务作为评价的主要目标。

第二，健全评价指标。在注重教学结果的同时还要将教学过程纳入评价指标之中，评价指标主要包括三个方面，即数字化教学资源库建设，师生之间、学生之间通过教学信息化交流情况，学生理论联系实际解决问题的能力。

第三，增加评价主体。思想政治理论课信息化教学评价要由教师评价、学生评价、同行交互评价、领导和专家评价组成。

四、思想政治理论课信息化教学资源建设

(一) 思想政治理论课信息化教学资源建设整体设计

1. 基于信息化教学的课程资源建设

(1) 整合课程内容。

《毛泽东思想和中国特色社会主义理论体系概论》是马克思主义理论研究和建设工程重点教材，从 2008 年出版以来进行了多次修订，具有鲜明的科学性、规范性。但此教材是本、专科通用，相对于理论基础薄弱、学习兴趣不高的大学生而言，缺乏针对性、吸引力，造成高校大学生普遍不愿意主动阅读。因此，如何将体系严密、叙述严谨的教材体系转换成生动、活泼的教学体系，是《毛泽东思想和中国特色社会主义理论体系概论》课程资源建设的核心问题。以《毛泽东思想和中国特色社会主义理论体系概论》（2015 年修订版）为例，可将教材十二章内容归纳为五部分，包括马克思主义中国化理论成果及其精髓、毛泽东思想概论、中国特色社会主义基础论、中国特色社会主义总体布局、中国特色社会主义建设的环境和保障，并在此基础上理论结合大学生发展实际、结合中国特色社会主义发展实际，围绕"追寻伟人足迹，做一个实事求是的人""开眼看社会，认识一个真实的中国""明确使命，做中国特色社会主义事业的建设者""永远跟党走，做中国特色社会主义事业的接班人"四个主题进行《毛泽东思想和中国特色社会主义理论体系概论》课程资源建设。

(2) 满足信息化教学需要。

首先，建立便于学生碎片化学习的资源模式。碎片化学习是指通过一片一片、一点一滴的信息和知识的获取，以及学习思考积累，达到了解情况，增加知识，提高技能，走在时代前沿的目的。[1] 这种灵活的学习方式适合学习持续力短的大学生，他们可以根据自己的实际情况，登录教师空间进行自主学习。因此，《毛泽东思想和中国特色社会主义理论体系概论》课程资源可以是一个

---

[1] 李慧珠. 浅谈碎片化学习的微资源的内容建设以及在教学中的运用——以电大《商务交际英语》课程为例 [J]. 新课程学习, 2013 (8)：150.

教案、案例，也可以是一张图片、一段 3～5 分钟的视频。但这种碎片化并非零散化、非系统化，而是在碎片化的基础上建立教案库、课件库、案例库、概念库、方法库、原理库、习题库、视频库等内容完善、形式多样的资源体系。

其次，建立便于学生参与的互动式资源模式。传统的讲授式教学最大的弊端是学生参与度低，造成学习效果不理想。职教新干线的教师空间提供了教研苑、留言、评论、私信等典型的信息化互动手段，可以打破时间、空间的限制，提供了全员参与的交流平台。因为学生的参与度取决于课程资源是否能够调动学生的学习兴趣，能否激发学生的思维，所以在选择资源的时候，要采用大学生喜闻乐见的形式。如在建设"追寻伟人足迹，做一个实事求是的人"主题资源时，可以设置"追寻伟人足迹，做最好的自己"演讲、观"大学生另类择业"有感等；在建设"开眼看社会，认识一个真实的中国"主题资源时，可以设置"我爱社会主义"资源库建设等；在建设"明确使命，做中国特色社会主义事业的建设者"主题资源时，可以设置校园百度贴吧建设、和谐校园建设方案设计等；在建设"永远跟党走，做中国特色社会主义事业的接班人"主题资源时，可以设置辩论赛"领土争端，战争手段比和平手段好？和平手段比战争手段好？"演讲"中国共产党的光辉历程"等。

2. 基于理论联系实际的特色资源建设

（1）时事播报。

在这个知识爆炸的新时代，随着电脑、互联网的大量普及，面对各种各样的信息，经常让人觉得迷茫。与此同时，由于部分媒体为博眼球，违背了实事求是基本原则，谣言、夸大的负面报道对正处在成长关键期的大学生产生了消极影响。《毛泽东思想和中国特色社会主义理论体系概论》是一门思想性、政治性、时代性较强的课程，在树立学生世界观、人生观、价值观，培养学生处理社会生活实际问题的能力方面应发挥主导作用。从职教新干线教师空间实际出发，可以在教研苑中设立时事播报栏目，引导大学生"风声雨声读书声声声入耳，家事国事天下事事事关心"，并尝试运用毛泽东思想和中国特色社会主义理论，用自己的观点、语言对当前的热点事件进行分析、评论。此外，还可以组织学生互评，在讨论、争辩的过程中明辨是非。

（2）大学生社会实践经验交流。

大学生社会实践是学生踏入社会之前正确认识社会、适应社会发展的一个关键环节，是提升大学生综合素质能力的有效途径，也是教育与实践相结合的具体体现。当前高校普遍开展了大学生社会实践活动，但效果却差强人意，究其原因，大学生社会实践活动缺乏深入交流是其中的一个重要因素。针对大学生大多选择以打工的方式进行社会实践的现状，引导学生将社会实践的经历、感受、经验、困惑以图文并茂的方式发布在职教新干线空间，教师就学生在社会实践中所遇到的实际问题给予解答，从而发挥教育和引导作用，帮助大学生做好社会角色定位，提高大学生适应社会、改造社会的能力，促进大学生顺利实现社会化。[1]

(二) 思想政治理论课信息化教学资源建设实践

1. 思想政治理论课信息化教学资源建设理念

(1) 基于课程的性质与作用。

按照中央宣传部、教育部《关于进一步加强和改进高等学校思想政治理论课的意见》《毛泽东思想和中国特色社会主义理论体系概论》课程是我国高校本专科学生必修的一门思想政治理论课程，是高校思想政治理论教育的核心课程。本课程立足于帮助大学生系统掌握中国化马克思主义的形成发展、主要内容、精神实质，不断增强道路自信、理论自信、制度自信，坚定中国特色社会主义理想信念；引导大学生正确认识国情和社会主义建设的客观规律，增强在中国共产党领导下全面建设小康社会、加快推进社会主义现代化的自觉性和坚定性；引导大学生正确认识肩负的历史使命，努力成为德智体美全面发展的中国特色社会主义事业的建设者和接班人。[2]

(2) 基于对专业建设与发展的定位与作用。

现代社会对人的素质要求在不断变化，企业对人才的需求也不再是只满足上岗要求的岗位技能，而是走向适应社会发展的综合素质。因此，高校毕业生应该是以全面素质为基础、以能力为本位，既能顶岗又具有发展潜力的复合型人才，提高教育对象的"德"和"能"是高等职业教育目前在新时期的必然选择。[3] 为此，《毛泽东思想和中国特色社会主义理论体系概论》课程从培养面向生产、经营、管理、服务一线高素质、技能型人才的具体要求出发，配合专业教育，通过以能力本位的理论和实践性教学，以大学生全面发展为目标，坚持不懈地用马克思主义中国化的理论成果武装学生头脑，帮助他们树立正确的世界观、人生观、职业价值观，促进大学生思想道德素质、科学文化素质和健康素质协调发展，引导学生在增长社会科学知识的过程中提升思想政治素养，培养大学生运用马克思主义的立场、观点和方法调查、分析和解决职业、行业和社会性问题的能力，进而增强学生可持续发展的能力，把学生培养成为中国特色社会主义事业所需要的职业能力强、职业素养高的和谐职业人。

(3) 基于信息化教学资源建设理念。

基于《毛泽东思想和中国特色社会主义理论体系概论》课程信息化教学资源建设的理念主要体现在"有趣""有用"，即以学生为主体，理论联系实际，

---

[1] 顾国盛. 当前大学生社会实践中存在的问题及对策 [J]. 学术探索, 2012 (3): 173.

[2] 中共中央宣传部教育部关于进一步加强和改进高等学校思想政治理论课教师队伍建设的意见（教社科 [2008] 5号）[EB/OL]. http://ggxy.hunnu.edu.cn/Department/InfoShow.aspx? keyId=686, 2009-04-27.

[3] 崔春. 高职大学生课余阅读现状及导引 [J]. 当代青年研究, 2009 (8): 53.

将教材体系转化为教学体系，努力激发学生的学习兴趣，让学习成为学生的内在需要，同时，让学生在思考、讨论、实践中感悟、成长。具体体现在用毛泽东思想和中国特色社会主义理论联系两个实际：一个是社会发展实际，即通过运用马克思主义、毛泽东思想、中国特色社会主义理论体系的基本原理、观点、方法来正确分析、发现和解决社会现实问题，增强学生的社会适应能力；另一个是学生发展实际，即通过分析学生现状与社会发展要求，增强学生的核心竞争力。

2. 思想政治理论课信息化教学资源建设模式

（1）"教师主导，学生主体"的资源上传方式。

传统思想政治理论课的教学方式是以讲授式为主，随着信息化时代的发展，这种单向的教学模式造成低头看手机的学生比例越来越高，对教师教学能力的要求越来越高。实践证明，讲授式为主的教学模式难以适应90后大学生的学习需求。但当前相当一部分思想政治理论课教师在进行空间资源建设时，在思维上仍深受讲授式为主的教学模式的影响，闭门造车，试图凭借一己之力完成所有资源的上传，这样不仅造成空间资源建设进展缓慢，而且使资源质量无法激发学生产生学习兴趣。要建设高质量的空间资源，就必须建立"教师主导，学生主体"的资源上传方式。一方面，思想政治理论课教师通过上传授课计划、课程标准、教案库、课件库、案例库、概念库、方法库、原理库、习题库、视频库等资源，建立最基础的空间资源；另一方面，充分利用自媒体时代优势让学生成为空间资源建设的主体。校园无线网络的发展，尤其是电脑、智能手机的普及，让学生能快捷地搜索资料，便利地编辑文章、视频并发布到空间。思想政治理论课教师可以通过组织专题研讨、主题活动等方式调动学生将资源上传空间。"教师主导，学生主体"的资源上传模式可以极大地丰富空间资源内容，特别是学生原创的文章、图片、视频资源具有较强的针对性，能够有效提高空间的点击率。

（2）"理论结合实际"的实用方式。

邓小平曾强调"学马列要精、要管用的"。因此，空间资源建设不能从理论到理论式的灌输，必须正视高职学生理论、文化功底比本科学生差的实际情况，针对大学生的思想实际和思维特点，重在使大学生在掌握理论知识的基础上指导自身实践。如在建设"中国特色社会主义总布局"空间资源时，可以围绕大学生村官组织资源，引导学生运用中国特色社会主义政治相关理论分析大学生村官的现状及作用，积极参与当代中国最直接、最广泛的民主实践；可以围绕校园贴吧建设组织资源，引导学生运用中国特色社会主义文化相关理论正确跟帖并参与贴吧管理，使校园贴吧发挥正能量，并在这个过程中帮助学生理解、认可社会主义核心价值观；可以围绕校园光盘行动组织资源，引导学生运用社会主义生态文明相关理论分析各种浪费现象，树立节约资源和环境保护意识等等。"理论结合实际"的实用方式就是要在毛泽东思想和中国特色社会主义理论指导下，使空间资源贴近实际、贴近生活、贴近学生，并在学生成长成才中发挥积极作用，改掉过去强调理论知识的学习而和生活实际联系不密切的弊端。

（3）"与时俱进"的资源更新方式。

以往的精品课程资源建设投入了大量的人力、物力，但效果差强人意，其中一个重要的原因在于精品课程资源初步建成后，要么没有更新，要么更新速度迟缓。时代日新月异的发展决定了思想政治理论课程空间资源建设也必须要坚持与时俱进，适应时代的要求。课程空间资源建设要求思想政治理论课教师具有强烈的创新意识，不断创新空间资源形式和内容。在内容更新方面，思想政治理论课教师必须结合大学生的思想观念、价值取向、精神面貌、心理需求、生活追求的发展变化，如网络对大学生学习、社会的影响；结合中国特色社会主义理论的最新成果，如习近平新时代中国特色社会主义思想等；结合最近发生的国内外重大事件，如中美贸易摩擦问题等。在空间形式创新方面，将微博、教研苑、在线考试自测、多维课件等新工具、新形式运用到空间资源建设中去。

（三）思想政治理论课信息化教学资源建设考核

1. 思想政治理论课信息化教学资源建设考核的必要性

（1）有利于坚持思想政治理论课信息化教学资源建设的正确方向。

随着信息时代的来临，数字化信息革命的浪潮正在深刻地改变着人类的工作方式和生活方式，开展思想政治理论课信息化教学资源建设，可以针对大学生网民化的趋势，充分运用网络丰富的信息，增强思想政治理论课的实效性。但网络信息鱼龙混杂，良莠不齐，许多大学生在还没来得及进行理性思考、判断和选择性地接受之前就已将其转化为自己的东西，并上传到空间，造成不良影响。通过对思想政治理论课信息化教学资源建设进行考核，发挥考核的引导作用，把需要高度重视的思想教育重点内容列入考核，确定较大的比例分值，甚至一票否决，以便决定考核对象的成绩等级，由此引起考核对象的重视，把精力和力量放在所强调的重点内容的建设上，使思想政治理论课信息化教学资源建设坚持正确的方向。[①]

（2）有利于提升思想政治理论课信息化教学资源建设质量。

思想政治理论课信息化教学资源建设对于广大师生而言是一个全新的事物，空间的整体设计、资源库内容的选取、群组交流方式的运用等都没有固定的模式和成熟的经验，需要师生在思想政治理论课信息化教学资源建设中不断发展和完善，在这个探索过程中既会产生一系列问题，也会涌现一批先进典型和有效措施。通过对思想政治理论课信息化教学资源建设进行考核，一方面可以帮助师生发现思想政治理论课信息化教学资源建设中存在的问题，引导他们用更加开拓的

---

① 马可，张艳霞．正确发挥考评对大学生思想政治教育的作用［J］．山东干部函授大学学报，2008（5）：30．

理念、更加科学的方法、更加严谨的标准,制定针对性的改进方案;另一方面可以树立典型,总结行之有效的先进经验,在推广中不断完善、丰富,形成特色鲜明的思想政治理论课信息化教学资源建设模式,从而切实提高提升思想政治理论课信息化教学资源建设质量。

(3) 有利于促进师生参与思想政治理论课信息化教学资源建设的积极性。

由于对思想政治理论课信息化教学资源建设的认识程度不一,作为思想政治理论课信息化教学资源建设的主体,不论是思想政治教育工作者,还是大学生,都会对思想政治理论课信息化教学资源建设持有不同的态度,有积极参与并勇于探索的,也有置身事外、徘徊观望的,甚至会有消极抵制的。通过对思想政治理论课信息化教学资源建设进行定期考核,形成客观公正的考核结果,并在此基础上采取相应的奖惩、引导、调节等措施,可以形成思想政治理论课信息化教学资源建设的外在推动力,对参与空间建设师生的价值判断和价值倾向产生积极影响,形成更为深远持久的内在驱动力,最终促进师生开展思想政治理论课信息化教学资源建设的积极性。[1]

2. 思想政治理论课信息化教学资源建设考核存在的问题

(1) 考核主体单一。

为保证考核的权威性,便于考核结果的汇总,思想政治理论课信息化教学资源建设考核主体一般由少数行政管理人员、教学督导组成,工作在一线的思想政治理论课教师、学生只能作为考核对象,被排斥在考核主体之外,无法参与思想政治理论课信息化教学资源建设考核。虽然这一考核主体具有考核经验丰富的优势,但是面对日新月异的思想政治教育,尤其是面对 90 后、00 后大学生,由于受到专业背景、脱离思想政治教育教学一线等客观原因的限制,使得考核往往只成为一种督导师生的手段,显然这样的考核是片面的、不合理的,并不能达到考核的目的。

(2) 考核标准不完善。

评价标准是指评价主体据以衡量价值客体有无价值及价值大小的尺度或依据。[2] 考核标准只有明确、具体才有可操作性。思想政治理论课信息化教学资源建设标准主要存在两个方面的问题:一方面,考核标准抽象,可操作性低,如"栏目设置合理""空间主题突出""教师空间主要应用于教学且关键在于课程建设""学生空间主要应用于学习且关键在于学习资源的收集与整理"等,考核人员一般只能根据经验做出初步考核;另一方面,考核标准不健全。考核标准侧重于考核空间的基础建设,缺乏对思想政治教育的实效性进行有针对性的考核。如此,造成思想政治理论课信息化教学资源建设考核准确度不高,将直接影响到师

---

[1] 王茂胜. 思想政治教育评价:一个亟需加强研究的课题 [J]. 思想理论教育, 2007 (3): 15.
[2] 秦越存. 对评价标准问题的思考 [J]. 学术交流, 2007 (7): 25.

生对考核结论的接受度。

（3）重视数量忽视质量。

在思想政治理论课信息化教学资源建设的起步阶段，由于量化考核具有标准明确、可操作性强等优势，现今空间考核普遍采用量化考核制度，即以发布的文章数量、视频数量、帖子数量、布置的作业次数、空间浏览量等作为考核指标，并折算成分数。量化考核在推进空间建设方面起到一定作用，但一味地追求数量使得师生的价值取向扭曲，使师生的功利意识和浮躁心态被强化，导致了严重的后果，出现了师生把主要精力和时间集中在数量指标上，造成大量重复低效劳动，缺乏创造性的成果，甚至出现部分师生因为刷浏览量而被网站管理员暂时封号等不良现象。量化考核制度的错误导向，损害了考核的权威性、严肃性和公平公正，没能起到考核制度应起的作用。

（4）重视结果忽视反馈。

考核是一种双向交流活动，考核反馈环节是考核不可缺少、不容忽视的一个重要环节，但思想政治理论课信息化教学资源建设考核因反馈不当在师生中造成不利影响，具体有两点：一是反馈的内容、形式、结果及反馈环节往往被忽视或者简单化，一般以公布评比结果的方式，缺乏翔实的考核结论，容易造成对考核结果的误解和分歧，使师生对考核的公正性产生怀疑，而且师生因难以通过考核反馈了解到自身存在的不足，因而不能正确做出改进。二是激励作用不足。考核最终的结果是表彰一部分先进，处罚一部分不达标者，师生容易产生受挫折感和抵触情绪，不能发挥积极性和主观能动性。

3. 改进思想政治理论课信息化教学资源建设考核的对策

（1）师生共同参与，形成多元化考核主体。

广大师生是思想政治理论课信息化教学资源建设的主体，在思想政治理论课信息化教学资源建设过程中进行了深入的探索，尤其是一部分师生投入了大量时间和精力，在思想政治理论课信息化教学资源建设形式和教育效果等方面开展了大胆革新，取得了一系列突出成果，发挥了引领作用。思想政治理论课信息化教学资源建设考核应强调民主参与，一方面引入空间建设名师、优秀学生组成专家团队全程参与考核过程，并在考核中占据较大比重；另一方面要引导师生认真开展自我评价，总结空间建设的成绩和不足，使考核由师生自评和专家评价相结合，从而实现考核主体多元化，改变以往管理人员仅靠经验和直觉进行考核的弊端。

（2）数量与质量并重，形成精细化考核体系。

首先，应实事求是地根据师生的实际情况制定文章数、帖子数、作业数、浏览量等指标，杜绝将无关和无效资料上传到空间、刷屏等不良现象。

其次，应制定明确、可操作的考核体系，如在考核空间资源库建设时应将资料的现实性作为考核重点，在进行群组交流考核时应将师生之间、学生之间的互动性作为重点考核，在教师教育风格考核上应将个性化作为重点考核等。

再次，应注重考核空间建设的实效性，即是否有利于加强师生交流，是否有利于加强对大学生的思想引导，是否有利于推进思想政治教育信息化建设，是否有利于实现思想政治教育优质资源共享、共用，是否有利于大学生的学习能力，促进终身学习等。

（3）激励师生，形成积极的考核反馈

首先，思想政治理论课信息化教学资源建设考核应改变以往仅仅将考核结果作为对考核对象进行奖励或惩罚的依据，造成师生畏惧、抵制考核的不利局面。而是应将立足点放在考核对象的未来发展方面，把考核和指导结合起来，作为促进师生进一步改进空间建设的一种手段。

其次，思想政治理论课信息化教学资源建设考核应改变简单公示考核结果的方式，而是应通过面对面的交流、沟通，努力使考评过程成为引导教师学会反思、学会自我总结的过程，使师生了解自己空间建设的优缺点，为其以后的发展指明方向，从而进一步提高认识，更新观念，激励师生不断进取，不断完善自我。

五、思想政治理论课信息化教学实践

（一）思想政治理论课信息化教学模式

1. 先学后教

"先学"即教师将每节课的教学目标、教学内容、给学生布置的任务、作业录制成15分钟左右的教学视频发布到教师空间，学生通过在课外观看教师的视频讲解进行课前学习，学习基础薄弱的学生可以反复观看、认真思考，学习习惯欠佳尤其是注意力不集中的学生可以随时暂停，避免因为分心而跟不上教学节奏，让学生按自己的节奏学习。这样有利于营造一个宽松的学习氛围，引导大学生自主学习。"后教"即课堂时间主要用于答疑解惑和完成研讨、调查、辩论、演讲等任务。

2. 合作学习

通过设置在教学空间建立学习群组和改革考核制度，鼓励学生互相帮助，取长补短。课前可以引导学生就教学内容、思想困惑、学生感兴趣的话题等进行自由、自主地交流、讨论。让学习基础好、学习能力强的学生在帮助其他同学、答疑解惑的过程中进行更加深入的探究，并获得更强烈的学习成就感；让成绩中等和低等的学生在遇到学习困难时可以便捷地获得更多的帮助，及时排除学习障碍，保持他们的学习积极性，而不是像以往轻言放弃。在课堂学习中，以学习小组为单位，共同开展探究式活动，实施基于项目的学习等。在交流方式上使教学由以往师生的单向交流转向学生之间、师生之间的多向交流，达到合作学习的目的。

（二）信息化教学推进十九大精神进课堂

1. 课前导学

（1）引导学生参与课前准备，激发学生学习积极性。

教师将教学主题——"党的十九大"提前通过教学空间布置给学生，请学生围绕着十三个方面进行思考和收集资料，即过去五年的工作和历史性变革；新时代中国共产党的历史使命；新时代中国特色社会主义思想和基本方略；决胜全面建成小康社会，开启全面建设社会主义现代化国家新征程；贯彻新发展理念，建设现代化经济体系；健全人民当家作主制度体系，发展社会主义民主政治；坚定文化自信，推动社会主义文化繁荣兴盛；提高保障和改善民生水平，加强和创新社会治理；加快生态文明体制改革，建设美丽中国；坚持走中国特色强军之路，全面推进国防和军队现代化；坚持"一国两制"，推进祖国统一；坚持和平发展道路，推动构建人类命运共同体；坚定不移全面从严治党，不断提高党的执政能力和领导水平。同时布置两个任务：一是请每位学生提出一个希望解决的问题；二是请每位学生收集十个以上对党的十九大最感兴趣的案例、视频、图片等相关素材上传到空间进行资源库建设。这样，学生带着问题、带着自己的思考甚至走进课堂，让学生由"要我学"变成"我要学"，最大限度地调动学生的学习积极性。[1]

（2）分析学情，因材施教。

以往向大学生贯彻中央重要精神效果差强人意的一个重要原因是忽视学生的实际和需求，尤其是在学生可以通过互联网迅速获得相关信息的信息时代，教师单方面的灌输自然难以达到理想的效果。因此，教师要善于从学生那里获得信息，通过对学生收集的党的十九大相关资料和提问进行认真分析和归纳总结，掌握学生对党的十九大的关注点和需要解决的问题，并在充分掌握学情的基础上制定教学目标、教学内容、教学方法等，如此才能有效增强教学的针对性，改变以往教师凭经验备课的状况，真正做到因材施教。

2. 建立十九大精神学习群组

（1）组建学习小组。

合作学习被誉为近十几年来最重要和最成功的教学改革，在众多的合作形式中，学习小组是最常用也是最有效的，而教学空间则是一种便于开展小组学习的载体。可由学生按照 6~8 人一组自由组合，组长负责组织小组成员进行学习。因为小组成员大都是由于志同道合才组成小组进行合作学习，并且不需要像平常小组讨论那样要小组成员在某一场所才能开展，小组成员可以通过网络随时随地进行讨论，所以网上小组活动相对于常规教学有更强的互动性。教师和组长应利

---

[1] 艾四林. 健全体制 提升水平 打造优秀教学团队 [J]. 思想理论教育导刊, 2010, (6): 10.

用这一特点引导学生就党的十九大的相关问题进行深入交流、探讨，一方面能让学生感受到浓厚的十九大精神学习气氛，另一方面学生能够依靠集体智慧和分工协作解决一些个人难以解决的复杂的理论问题，获得理想的学习成果，从而让学生克服理论学习的畏惧心理，提高学生学习的自信心。

（2）设置主题学习群。

论坛、QQ群的魅力在于每个人都可以自由、平等、民主地发表各自的见解。在常规教学中，受时间、场地限制，学生发言的机会较少，这一定程度上压抑了学生的学习积极性。教师在教学空间设置党的十九大主题学习群后，群主题的发起人可以是教师也可以是学生。教师可以积极利用网络文字发言的特点，帮助性格内向的学生克服胆怯害羞心理，从而引导学生结合自己的认识互相答疑解惑。在学习群里讨论时，学生可以在同一时间不受干扰地发表各自的见解，也可以通过查看其他学生的发言，感受更多的思想火花，从而摆脱传统教学中一对一的沟通模式，使师生之间、学生之间可以便捷地进行讨论、交流，增强学生对教学的参与度，加深对党的十九大的相关问题的认识。

3. 利用教学空间开展课堂教学

（1）教学设计思路。

在教学空间基础上开展党的十九大精神课堂教学的指导思想是，以学生为主体，理论联系实际，让学生在思考、讨论、实践中感悟、成长。

首先，教师要结合学生实际将十九大精神理论体系转化为清晰明了、通俗易懂的教学体系，努力激发学生的学习兴趣，让学习党的十九大精神成为学生的内在需要。

其次，要以启发式、讨论式、任务驱动式为主要教学方法，要充分发挥网络教学空间的优势，发挥小组学习的团队优势，为学生创造一个可以集中集体智慧的讨论空间，提供给学生一个展示学习成果的舞台。

最后，还可以在教学空间开展形式多样的主题活动，例如，网络学术讲座、十九大知识竞赛、"我为全面建成小康社会作贡献"征文竞赛等，掀起学习十九大精神的热潮。

（2）教师以教学空间为平台授课。

教师将结合学生实际制定的我国社会的主要矛盾、社会主义现代化国家新征程、供给侧结构性改革、建设美丽中国、社会主义核心价值观等教学内容以视频、图片、文字等各种碎片化教学资源的形式上传到教学空间，形成一个形式多样、内容丰富、可供学生自主选择的教学资源库。教师以这样的教学资源库为平台进行课堂教学，可以极大地扩充课堂教学的容量，打破PPT教学的模式化、不便调整的局限，并能根据学生的学习状况及时调整教学内容、教学方法。此外，教师还能针对在课堂教学中学生反映的新问题，补充新的内容到教学资源库，指导学生进一步开展课外自主学习。

（3）学生建设"我看十九大"资源库。

在学生掌握了党的十九大理论基础之后，请学生理论联系实际，进行"我看十九大"资源库建设。布置五个任务，即收集党的十九大相关视频、图片、文章、优秀网站，并进行资源库整体设计。同时提出两点要求：一是以学习小组为单位，选取一个任务，先选先得。获得任务后，对已有的资料进行筛选，并运用网络搜索工具寻找新的资料作为补充。二是遇到问题后第一时间通过空间和教师进行探讨。学生搜集、整理资料的过程就是一个主动地构建十九大知识体系的过程。同时，教师和连线专家可以通过空间针对不同的学生、不同的问题进行具体解答和引导，解决传统教学存在的受范围和教师精力的限制而对个体关注程度不够的问题，实现师生心灵沟通。

4. 信息化推进十九大精神进课堂的成效

（1）通过参与网络建设，有效提高大学生学习党的十九大精神的积极性。

当前我国各级机构创建了一大批思想政治教育类网站、网页，投入了大量的人力物力，但由于创建者常不自觉地处于一种居高临下的态度，使受教育者容易产生排斥心理；同时，由于网页制作完成后更新慢，甚至缺乏更新，所以造成点击率极低，达不到预期的效果。而教学空间因为对网络技术要求不高，教师可以引导学生对已建成的学习资源库进行快捷的更新。如在学生初步完成"我看十九大"资源库建设后，要求以学习小组为单位，运用QQ群、论坛等载体宣传、推广"我看十九大"资源库，并积极参与在线讨论，在收集讨论情况的基础上进一步完善"我看十九大"资源库建设，不断更新内容。这样，一方面由于大多数学生都比较关注别人对自己观点的看法和评价，因此他们会主动增加参与和访问学习资源库的频率；另一方面，因为这是大学生参与创建的学习资源库，对于其他大学生会有更强的吸引力，引发他们点击浏览的兴趣。[①]

（2）通过对比过去、现在、未来，增强大学生对中国特色社会主义事业的认同感。

青年大学生是中国特色社会主义事业的建设者和接班人，但随着国际国内形势的深刻变化，以及网络文化的多元化，各种思想文化交流、交融、交锋日趋频繁，同时，由于我国正处于改革发展的关键时期，必然存在这样那样的矛盾和问题，造成一部分青年学生容易受到网络西方政治价值观的影响，不能正确认识现阶段我国存在的各种问题，从而对社会主义的优越性产生怀疑，甚至失去思想灵魂。信息化可以旗帜鲜明地占领网络阵地，把解决思想问题同解决实际问题结合起来，通过让学生联系自己的实际、家庭的实际、家乡的实际分析、讨论、总结十九大报告中过去五年的工作，以及中国今后的发展方向。例如，联系改革开放分析社会、家庭、个人的巨大变化，帮助学生认识中国特色社会主义是当代中国

---

① 王务均. 搭建大学生网络思想政治教育平台的经验与做法［J］. 思想理论教育导刊，2012（10）：89.

发展进步的根本方向，只有中国特色社会主义才能发展中国。

（3）通过开眼看社会，提高大学生的核心竞争力。

90后大学生中宅男、宅女的比例越来越大，他（她）们习惯于沉浸在自己的世界，缺乏关注社会发展的意识，存在着闭目塞听、与社会脱节的趋势，这非常不利于学生今后的发展。信息化教学通过学生最感兴趣的网络学习方式，以学习党的十九大精神为契机，引导学生运用马克思主义、毛泽东思想、中国特色社会主义理论体系的基本原理、观点、方法来正确分析、发现和解决社会现实问题，从而认识一个真实的中国。更重要的是可以帮助他们结合社会发展要求思考如何提升自身的核心竞争力，如通过学习加快完善社会主义市场经济体制和加快转变经济发展方式的有关内容提升学生把握经济发展潮流的能力，通过学习坚持走中国特色社会主义政治发展道路和推进政治体制改革的有关内容提升学生参政议政的能力，通过学习扎实推进社会主义文化强国建设的有关内容提升学生的文化判断力，通过学习大力推进生态文明建设的有关内容提升学生的环保意识等。

（三）网络空间研讨法在思想政治理论课信息化教学的运用

中国特色社会主义经济是中国特色社会主义理论体系的重要组成部分，也是大学生适应社会发展必须掌握的核心理论知识。但由于大学生理论基础薄弱，对理论学习缺乏兴趣，造成大学生对中国特色社会主义经济理论的学习效果不佳。以教师网络空间为载体，运用空间研讨法，可有效引导大学生深入学习中国特色社会主义经济理论。

1. 当前大学生学习中国特色社会主义经济存在的问题

（1）不关注经济体制改革。

从20世纪70年代末期开始，我国的改革开放已持续了40年，至今仍处于进行时。因为90后大学生没有经历过物质极度匮乏的年代，反而充分享受到了改革开放的成果，所以他们对于经济体制改革的重要性、紧迫性缺乏深刻认识。经济体制改革是全面深化改革的重点，十八大以来，党中央以经济体制改革牵引和带动其他领域改革，提出一系列新思想、新观点、新论断。大学生对经济体制改革的新思想、新观点、新论断关注不够，缺乏系统、深入的了解。

（2）不了解经济发展新常态。

随着信息化的快速发展、网络的迅速普及，人们能够便利地获得各种信息。大学生特别关注三大类问题：就业、住房等涉及切身利益的社会问题；网络游戏、娱乐新闻等休闲问题；饮食、住宿等校园生活问题。与此同时，大学生对社会经济的关注度却不容乐观，甚至部分大学生从来就不看时政经济类新闻。因此，大学生虽然感受到了经济发展新常态对自己生活的影响，但由于对经济发展新常态的产生原因、特点、新矛盾、发展机遇等缺乏基本了解，所以面对我国经济的发展变化，常处于无所适从的状态。

（3）不能正确认识社会主义初级阶段的分配制度。

相当一部分大学生来自农村、城市中低收入家庭，一方面受家庭及亲朋好友的影响；另一方面部分大学生有过打工经历，他们对贫富差距问题比较敏感。尽管大学生在中学阶段早已熟背社会主义初级阶段的分配制度，但是一旦涉及高收入、富二代、农二代等现实问题，往往容易冲动产生认识偏差，将所有问题归咎于分配制度的不完善。面对贫富差距等问题无法在短期内解决的现状，部分大学生的人生观、价值观产生了偏差。

2. 空间研讨法在中国特色社会主义经济教学中的运用

（1）课前导学。

2011年2月日本公布2010年国内生产总值为54 742亿美元，低于中国1月公布的58 786亿美元，日本已经正式交出了世界第二经济大国的位置。[①] 请学生结合我国经济体制改革，完成任务"中国经济总量为什么能超越日本？"。从而引导学生认识到：建设什么样的经济体制，是我国经济改革的核心问题，也是建设中国特色社会主义的重大问题。

（2）空间研讨。

①如何处理好政府和市场的关系？

结合奇虎360与腾讯之间爆发的"3Q大战"案例：2010年，腾讯、奇虎360围绕"QQ医生""扣扣保镖"等软件产生矛盾。腾讯要求用户必须卸载360软件才可登录QQ。请学生在教师网络空间完成任务"奇虎360与腾讯为什么产生争斗？政府应发挥怎样的作用？"教师结合党的十八届三中全会通过的《中共中央关于全面深化改革若干重大问题的决定》，帮助学生认识到为什么要让市场在资源配置中起决定性作用，原因是市场配置资源是最有效率的形式。政府的职责和作用主要是保持宏观经济稳定，加强和优化公共服务，保障公平竞争，加强市场监管，维护市场秩序等。

②如何坚持公有制经济的主体地位？

请学生结合世界500强、中国企业500强，在教师网络空间完成任务"公有制经济占据主体地位是如何体现的？"请学生对比分析世界500强和中国企业500强中国企与民企的数量，知道哪种所有制经济控制国民经济命脉。教师通过引导学生对比分析，帮助学生认识到公有制经济主体地位体现在社会总资产中占优势、控制国民经济命脉等方面。

③如何深化分配制度改革？

请学生结合改革开放前后中国基尼系数的变化，在教师网络空间完成任务"如何看待我国现行分配制度存在的问题？如何解决？"帮助学生认识到贫富差

---

① 人民网. 日本公布2010年GDP比中国低4044亿美元［EB/OL］. http://world.people.com.cn/GB/13911618.html, 2011-02-14.

距的产生是多方面因素造成的,有劳动者向社会提供的劳动数量和质量存在差别的因素,有占有生产要素存在差别的因素,有收入分配秩序不规范因素。不能只是一概否定社会主义初级阶段的分配制度,而是要思考怎样才能有效增加低收入者的收入,调节过高收入。教师通过基尼系数七连降,帮助学生认识到分配制度改革的成效,通过分配制度改革可以让发展成果更多更公平地惠及全体人民。

④如何把握经济发展新常态?

请学生结合中国改革开放 40 年来 GDP 增速,在教师网络空间完成任务"制作改革开放 40 年来中、日、韩三国 GDP 增速图表",帮助学生认识到当一个国家或地区经历了一段时间的高速增长后,都会出现增速变化,我国经济增长已从高速增长转为中高速增长。教师通过分析近年来我国经济结构优化开始呈现出明显的特征性事实,帮助学生认识到我国经济结构不断优化升级,经济发展转向创新驱动。进而请学生思考经济新常态将给大学生带来怎样的发展机遇。①

3. 基于空间研讨法的教学效果

(1) 能够引导大学生关注中国特色社会主义经济。

通过在中国特色社会主义经济教学中运用空间研讨法,可以让大学生在自我构建的过程中发现自身在中国特色社会主义经济理论方面存在的不足,认识到中国特色社会主义经济的重要性,从而有助于引导大学生借助电脑、手机、报纸等媒介关注中国特色社会主义经济的方方面面,理性思考中国特色社会主义经济存在的各种问题。

(2) 能够激发大学生积极参与中国特色社会主义经济建设。

在我国经济发展已进入新常态的背景下,如何进一步完善我国的市场经济体制,如何深化收入分配制度改革等一系列问题,既涉及能否实现中华民族的伟大复兴,又涉及每一个人的切身利益,具有很强的现实意义。大学生作为中国特色社会主义事业的接班人和建设者,担负着光荣使命,通过学习可以激发他们积极参与中国特色社会主义经济建设的热情。

六、思想政治理论课教师信息化教学能力培养

(一) 加强思想政治理论课教师信息化教学能力培养的必要性

1. 适应信息化时代发展的需要

随着网络与智能手机的普及,我国社会进入了信息化快速发展的时代。21 世纪初开始,教学手段经历了从"黑板 + 粉笔"到"投影仪 + 课件"的改变,现正

---

① 人民网. 人民日报谈新常态: 实质是进入中高速增长阶段 [EB/OL]. http://www.chinanews.com/cj/2014/08 - 04/6457873.shtml, 2015 - 01 - 25.

在向"网络+手机"发展。与此同时，高校的教学对象从 90 后转到 00 后，00 后习惯于通过各种新闻网站获取最新资讯，通过微信、QQ 等载体进行联络沟通，通过淘宝、京东等平台进行购物，通过支付宝、微信进行支付等等，他（她）们的学习、生活已紧密与信息化联系在一起。面对着信息化对教学环境、教学手段、教学对象等产生的显著改变，思想政治理论课教师不能对信息化发展视而不见，须自觉顺应信息化发展的潮流。

2. 提高思想政治理论课实效性的需要

在信息化时代，信息传播的速度更快，信息传播的范围更广。面对社会思潮多元多样多变，青年大学生需要科学的思想引领，树立正确的世界观、价值观、人生观。如何才能让高校思想政治理论课入耳入脑入心，已成为亟待解决的问题。2016 年 12 月，习近平同志在全国高校思想政治工作会议上指出："要运用新媒体新技术使工作活起来，推动思想政治工作传统优势同信息技术高度融合，增强时代感和吸引力。"[1] 思想政治理论课教师只有与时俱进地将信息化理念、技术、手段纳入到思想政治理论课教学中，思想政治理论课才能让大学生真心喜爱、终身受益。

（二）思想政治理论课教师信息化教学能力的构成

1. 信息化教学资源开发能力

信息化教学资源是指数字化和电子化了的、面向大学教学活动的资源和信息。[2] 思想政治理论课教师开发信息化教学资源应注意以下两点：

第一，快速搜集有效信息。理论结合实际，是思想政治理论课的一个突出特点。在知识爆炸的信息化时代，思想政治理论课教师应结合相关理论，在有限的时间内，运用百度等搜索工具从网络海量的信息中搜索到权威、有效的信息。

第二，合理处理信息。从网络中获得的文字、图片、视频等信息不适宜直接用于教学，需要结合教学实际进行编辑。因此，思想政治理论课教师需要通过掌握相关软件对文字、图片、视频等信息进行再编辑，如掌握电子表格软件对文字材料进行整合，掌握视频编辑软件对视频进行截取、格式转变、添加字幕等等，让思想政治理论课信息化教学资源短小精悍、特色鲜明。

2. 信息化教学设计能力

信息化教学设计包括整体教学设计和单元教学设计，是开展思想政治理论课信息化教学的前提。思想政治理论课教师应立足于建构主义等现代教育教学理念基础之上，有效利用信息资源和现代信息技术，将即时化的沟通技术、可视化的

---

[1] 张烁. 习近平在全国高校思想政治工作会议上强调：把思想政治工作贯穿教育教学全过程，开创我国高等教育事业发展新局面 [N]. 人民日报，2016 – 12 – 09.
[2] 黄新民，等. 高校信息化课程资源开发和利用的原则与方式 [J]. 教育与职业，2007 (9)：140.

教学资源、可触摸的电子白板设备等与教学密切相关的信息化元素运用到思想政治理论课教学设计的各个环节。突出思想政治理论课教学设计在教学目标、教学手段、教学方法、教学考核等方面的信息化特征，打破传统思想政治理论课单方面的灌输式教学设计模式。当然，思想政治理论课信息化教学设计也要避免陷入纯粹为了信息化而运用信息化的误区，如只重视信息化形式而忽视教学实际效果，以信息化的名义将纸质教材弃之不用等等。

3. 信息化教学实施能力

如果思想政治理论课信息化教学仅仅停留在理论研究上，无异于纸上谈兵。因此，思想政治理论课信息化教学实施是关键。

首先，思想政治理论课教师要针对学生现有的智能手机、电脑等信息设备，创建便利的信息化学习环境，让每一位学生都能便利地参与到教学中。

其次，思想政治理论课教师要能运用弹幕、网络投票等学生喜闻乐见的信息化方式，吸引学生注意力，调动学生学习积极性，让每一位学生都能成为课堂主体。

最后，思想政治理论课教师要能运用网络教学平台的大数据功能，对每一位学生的课堂参与程度、学习效果进行快速、精确的考核。

总而言之，思想政治理论课信息化教学的实施，就是要构建学生主体、多维互动、深入研讨、精细考核的信息化教学模式，切实实现思想政治理论课的知识目标、能力目标、素质目标。

（三）提升思想政治理论课教师信息化教学能力的途径

1. 加强信息化教学能力培训

培训是短时间内快速提升思想政治理论课教师信息化教学能力的有效方式。但现行的教育技术能力培训虽也实现了信息技术知识与操作的传授，但却没有超越操作本身，使之与具体的教学实践联系起来，没能生成运用信息技术进行或改变教学的能力。[1] 因此，加强思想政治理论课教师信息化教学能力培训要注意以下两点：

第一，培训要结合信息化发展的现状和趋势，帮助思想政治理论课教师解决为什么要进行信息化能力培训的问题。思想是行动的指导，只有先解决了信息化能力培训的思想问题，培训才能取得良好的效果。

第二，信息化教学能力培训要立足于教学实际，针对思想政治理论课教师现状开展能力培训。信息化教学能力培训切忌从理论到理论，应选择在信息化教学实践中取得显著效果的一线教师作为培训主讲人，用简单实用的方式培训信息化教学核心能力，让参加培训的思想政治理论课教师一学就懂，学了就能

---

[1] 左明章等. 困惑与突破：区域教师信息化教学能力培训实践研究［J］. 中国电化教育，2016（5）：105.

用，用了就有效果。

2. 组建信息化教学团队

面对快速发展的信息化时代和个性越来越鲜明的95后大学生，单个思想政治理论课教师总会感到力不从心，只有组建信息化教学团队，充分发挥集体智慧，才能不断增强思想政治理论课教师信息化教学能力。思想政治理论课信息化教学团队要选拔能力强、经验丰富、教学效果好的教师担任团队负责人，一方面要定期组织团队成员学习先进的信息化教学理念，用科学的理论指导教学设计、教学实施等实践，尽量少走弯路，减少探索成本；另一方面要针对信息化教学过程中出现的问题进行研讨，通过群策群力及时解决问题，并将成功的教学经验上升为理论，进行更广泛的推广。

3. 制定信息化教学考核

教育评价是按照一定的价值标准和教育目标，利用测量和非测量的种种方法系统地收集资料信息，对学生发展变化及影响学生发展变化的各种要素进行价值分析和价值判断，并为教育决策提供依据的过程。[1] 思想政治理论课信息化教学考核应从自身的特点出发，抓住"思想""理论"两个关键词制定考核办法，将定量考核与定性考核相结合，既要从创建的教学资源数、布置的网络作业次数、学生的访问数、留言数等方面考核教师在信息化教学的应用情况，更要通过教师现场听课、学生评课等方式考核教师信息化教学的实际效果。定性考核的权重要大于定量考核，以杜绝思想政治理论课信息化教学重数量不重质量等问题。此外，考核结果要以书面且专业的形式及时反馈给教师，让教师清晰地知道自身在信息化教学中存在的问题及如何改进。

---

[1] 黄光扬. 教育测量与评价［M］. 上海：华东师范大学出版社，2002：139.

第六章
实践教学

高校思想政治理论课实践教学是指在教师的指导下,以学生为主体,以形式多样的实践活动为载体,以提高学生综合素质为目标的一种理论联系实际的教学活动。2018年4月,教育部印发的《新时代高校思想政治理论课教学工作基本要求》明确指出,从本科思政课现有学分中划出2个学分,从专科思政课现有学分中划出1个学分,开展思政课实践教学,足见党和国家对高校思想政治理论课实践教学的重视。

一、思想政治理论课实践教学的意义

(一) 有助于提升大学生综合素质

中共中央、国务院《关于进一步加强和改进大学生思想政治教育的意见》中指出:"社会实践是大学生思想政治教育的重要环节,对于促进大学生了解社会、了解国情,增长才干、奉献社会,锻炼毅力、培养品格,增强社会责任感具有不可替代的作用。"高校思想政治理论课实践教学活动是引导大学生走出校门、接触社会、了解国情,使理论与实践相结合的良好形式,有助于大学生更新观念,树立正确的世界观、人生观、价值观,提升大学生综合素质。

1. 了解社会、了解国情

客观世界具有不依赖人而存在的客观实在的性质,人要认识客观世界,使认识成为可能,那么必须要使客观世界与人发生联系。在马克思主义看来,这个联系的中间媒体就是实践。被感知的客体存在只有其与人的社会实践相联系时,才会成为现实的认识对象。人的认识是对具体的客体存在的反映,而且是以人的实践活动为中介并在实践的基础上形成对客观世界的认识和知识。因此,实践是人的认识活动和一切知识的来源和基础。[①] 当前,部分大学生对国家政策、国家时事漠不关心,认为国家大事与我无关或者国家政策枯燥无味,对于党的会议、政

---

① 施旭英,霍福广. 马克思主义认识论与教学观的辩证关系[J]. 南通大学学报:社会科学版,2014 (6): 12.

府工作报告的学习也只是流于形式，只有在国家政策关系到他们切身利益时才会主动选择关注。"两耳不闻窗外事"，长期以往，这些大学生将闭目塞听，目光短浅，家国情怀、忧患意识就无从谈起。思想政治理论课实践教学能引导大学生走出校门、深入基层、深入群众、深入实际，切身感受祖国的大好河山、经济的快速发展、人民生活的显著改善。具体而言，大学生通过调查中华民族辉煌的文明史，可以充分了解中华民族的文明发展史、艰苦奋斗的革命史，了解中华民族伟大的精神和灿烂的文化；通过结合所学专业走进相关重点行业，可以系统了解国家行业政策支持、实施现状和重点方向，感受祖国发展脉搏；通过深入基层，可以了解医疗、养老、扶贫等具体情况，认识社情民意。例如2005年清华大学二年级学生李强利用寒假时间对山西东南部2个县、4个乡和3个村的农村现状进行了调查，撰写了4万字的调查报告《乡村八记》，涉及农村教育、农民增收难题、乡村公共事务管理、税费改革、村官选举等系列问题。通过社会实践，有利于大学生加强对我国国情的理性认识，了解现实国情的本质特征；有利于大学生端自觉地把个人理想融入到国家和民族发展的大业中；有利于大学生确立正确的世界观、人生观和价值观。

2. 增长才干、奉献社会

"人的实践活动的价值不在于是否达到预期的目标，而在于它的结果是否满足了人类生存和发展的需要。"[①] 也就是说，人的实践活动是解决我们实际问题的唯一正确途径。如果不去实践，我们的理论只能被束之高阁，终不能运用到社会生活之中，或是起不到应有的价值作用。虽然大学生通过课堂学习，可以不断扩大和加深知识面的宽度和深度，但这些理论知识如果不能和现实生产、生活结合起来，不能在实践中进行运用，难免陷入纸上谈兵的境地。社会实践使大学生深入社会和自然，让他们能够把自己所学的理论知识与观察到的实际现象进行对比分析，获得丰富多彩的感性认识和课堂上学不到的新知识，从而将抽象的理论知识逐渐转化为认识和解决实际问题的能力。例如某职业技术学院的大学生暑期"三下乡"活动以"专业为导向，个性化服务"为主题开展各项实践活动，通过为偏僻乡村村民免费维修电器、为当地农户的农作物搭建电商平台、对留守儿童进行语文、数学、英语、舞蹈、绘画等课程辅导等方式，不仅让大学生的专业能力在实践中得到了有效提升，更为重要的是为当地群众提供了免费服务，为当地的发展做出了应有的贡献。因此，大学生只有从"知"落实到"行"上，才能在实践中能获真知，出智慧，长才干，创业绩。

3. 锻炼毅力、培养品格

改革开放以来，随着我国综合国力的快速提升，人民生活水平显著提高，90后、00后大学生普遍衣食无忧，没有艰苦生活的锻炼和对生活逆境的体验，缺乏毅力，遇到困难、挫折就容易产生放弃心理。有的大学生学习上一旦跟不上教

---

① 霍福广. 关于实践定义的重新思考 [J]. 求索，1994 (3): 67.

学进度，就会得过且过，不求上进，满足于及格就好，甚至自暴自弃，沉迷于网络游戏以逃避学习上的压力；有的大学生劳动观念淡薄，怕苦怕累怕脏，对学校布置的各种劳动任务出勤不出力，敷衍了事；有的大学生初入职场好高骛远，不切实际，一味追求高工资和舒适的工作环境，但往往高不成低不就，出现频繁跳槽现象。社会实践活动是锻炼大学生毅力的有效途径，在实践的困难和挫折面前，要求大学生们具有一定的牺牲精神和坚强的品质。大学生在积极参与社会实践的过程中，就会逐渐养成坚韧、顽强的优良品性，养成务实的学习态度和生活作风，不断提高自己、完善自己。例如大学生们通过"重走长征路"实践活动，在亲身感受到了长征的艰辛之后，才能真正理解长征精神，才能主动继承不怕牺牲、前赴后继、勇往直前、坚韧不拔、众志成城、团结互助、百折不挠、克服困难的精神品格。

4. 增强社会责任感

从先秦时期儒家的"修身齐家治国平天下"，三国时期诸葛亮的"鞠躬尽瘁、死而后已"，唐代杜甫的"安得广厦千万间，大庇天下寒士尽欢颜"，两宋时期岳飞的"精忠报国"，明清时期顾炎武的"天下兴亡、匹夫有责"，清朝晚期谭嗣同的"我自横刀向天笑，去留肝胆两昆仑"，近代周恩来的"为中华崛起而读书"，再到当代"为实现中华民族伟大复兴"的中国梦而奋斗终生，历朝历代都有无数仁人志士都表达对国家和人民的一种强烈的责任感。但受到极端利己主义思潮的侵蚀，当前部分大学生个人主义膨胀，把个人利益视为高于一切的准则，深信为个人奋斗天经地义，北京大学钱理群教授曾指出："我们的一些大学，包括北京大学，正在培养一些'精致的利己主义者'，他们高智商，世俗，老到，善于表演，懂得配合，更善于利用体制达到自己的目的。"荀子说："不闻不若闻之，闻之不若见之，见之不若知之，知之不若行之。学至于行而止矣。行之，明也。"大学生如果能开展到贫困地区进行调研，到革命老区亲眼目睹先烈们的足迹和遗物等社会实践，就更容易感受到自身的历史使命和爱国主义的伟大，增强"天下兴亡、匹夫有责"的责任感。这样的社会实践不仅是思想政治理论课课堂讲授的有益补充，而且会产生"倍增"放大的效果。

（二）有助于推动思想政治课教学改革

高校思想政治理论课教学是以学生为本的立德树人过程，"必须围绕学生、关照学生、服务学生"。[①] 因而高校思想政治理论课教学不能脱离学生的生活和学习，必须通过实践的方式回到学生的生活中去。

1. 推动思想政治理论课教学内容理论联系实际

俄国教育家乌申斯基提出："没有丝毫兴趣的强制性学习，将会扼杀学生探

---

① 习近平谈治国理政，第二卷 [M]．北京：外文出版社，2017：103.

求真理的欲望。"由于思想政治理论课较其他课程更加理论化，容易给大学生造成一种"空洞说教"、"脱离实际"的错觉，再加上部分大学生由于本身理论基础较差，他们一旦对思想政治理论课不感兴趣，就会在课堂教学中出现玩手机、睡觉等不良现象。与此同时，教育学和心理学研究表明：当学习内容与学生已有知识和生活经验相联系时，学生对学习会更有兴趣。社会生活是不断发展变化的，任何思想要对其进行解释和关切都要与时俱进，紧跟时代步伐，适应现阶段经济、政治、文化发展的实际状况和要求，适应不断发展变化的客观现实，真实反映改革开放和现代化建设的实践。[①] 如果将思想政治理论与大学生现实生活有机结合起来，就能有效激发大学生的学习兴趣，在思想政治课教学中开展社会实践活动便是一种有效举措。大学生通过各种社会实践活动，将教材内容与社会生活紧密联系起来，使理论知识成为学生看得见、摸得着、听得到的现实，让大学生感受到生活化的思想政治理论课，能够运用思想政治理论课的有关理论知识分析现实生活中的问题。这样才能使思想政治理论课教学内容具有时代感、说服力，也才能展现思想政治理论课关切现实的视野宽度、解读社会变迁的思想厚度，从而唤起大学生的学习兴趣，激发学习欲望，引领大学生积极主动地参于社会实践，达到学与做、知与行的真正统一。

2. 推动思想政治理论课教学目标注重能力培养

"书到用时方恨少，事非经过不知难"的古训生动地诠释了理论教学和实践教学的相互关系。当前部分思想政治理论课教师习惯于强调理论学习，满足于围绕知识目标、素质目标开展教学，但复杂的现实生活对学生的理论分析能力、价值判断能力、道德实践能力都提出了更高的要求。卢梭说过："真正的教育不在于口训，而在于实行。"实践是辩证唯物主义认识论之首要的和基本的观点，它在人类认识和改造世界中，起着十分重要的作用。高校思想政治课的教学目标不仅是使学生掌握基本原理、基本观点和基本知识，还要培养学生运用马克思主义的立场、观点和方法，科学地观察和分析复杂的社会现象，分析和解决实际问题的能力。这一教学目标的实现除认真教授理论知识外，还必须让学生积极参加社会实践活动，体验社会生活，做到既"读万卷书"，又"行万里路"，使学生在参于社会实践的同时，运用思想政治课所学的理论观点观察、分析其中的原因，解决生活中的实际问题，进而帮助学生更好地将知识转换成能力，提高综合素质。

二、思想政治理论课实践教学存在的问题

目前，各高校思想政治理论课实践教学已按照教育部要求普遍推行，通过不

[①] 罗晓梅．哲学社会科学理论要做到"三贴近"[J]．重庆社会科学，2003，(5)：14．

断探索和实践，取得了一定的成绩，但开展的程度、教学效果参差不齐，从整体来看，高校思想政治理论课实践教学仍处在起步阶段，在开展过程中仍存在许多亟待改进的问题。

（一）实践教学资源缺乏

首先，师资缺乏。思想政治理论课实践教学主要是由思想政治理论课教师组织实施，但相对于人数众多的学生数量而言，高校思想政治理论课教师数量相对较少，普遍处于超工作量状态，完成课堂教学尚且吃力，还要大规模组织学生开展社会实践，常常是心有余而力不足，使得实践活动难以开展、难以监测、难以考核。其次，经费缺乏。思想政治理论课实践教学如要到校外开展实践活动，涉及交通费、餐费等系列开支，如果全部由学生自行承担，必然会影响到部分学生参与社会实践的积极性。最后，实践教学公共资源缺乏。目前，除了博物馆、红色教育基地可以免费并大规模接待学生进行社会实践之外，企业、乡村、社区还未建立完善的思想政治理论课实践教学的平台，优质资源平台的建设与引进不足。

（二）学生参与度较低

大部分高校思想政治理论课实践教学没有一个明确的整体设计，开展的实践教学活动在一定程度上存在着随机性和偶然性，对于"开展什么样的实践教学活动"、"怎样开展实践教学活动"等问题缺乏一个长期而科学的规划。更为不利的是学生外出社会实践存在较大的安全隐患，一旦学生发生意外，在目前状况下，无论是学校还是教师个人都将面临着难以承受的后果。因此，相当一部分高校要么是组织小部分自律性强、易于管理的学生外出实践，例如党校和团校学员、学生干部等；要么采用放羊式社会实践，即安排学生利用寒暑假的时间自行开展社会实践，但真正能自觉进行社会实践的学生只是少数，大多数学生把它当成一项任务敷衍完成。如此，学生参与度达不到理想人数，思想政治理论课实践教学徒有虚名，只能是做为一种面子工程以应付上级部门的检查。

（三）实践教学效果不理想

从当前我国大部分高校普遍开展的实践教学现状来看，主要以参观、社会调查、志愿活动为主，流程大同小异，最后以提交一份社会实践报告结束。学生所体验到的实践是类似的，往往停留在"去了""看了""做了"初级层次，没有师生之间、学生之间的深入探讨与经验交流，没有有效做到理论联系实际，没有升华对理论的理解与领悟，学生收获不大，不能真正激发学生的积极性和创造性，就难以达到以实践促实效的效果，思想政治理论课实践教学效果有待提高。

三、加强思想政治理论课实践教学的路径

根据中共中央宣传部、教育部所下发的《〈中共中央宣传部、教育部关于进一步加强和改进高等学校思想政治理论课的意见〉的实施方案》的要求，思想政治理论课实践教学目标：一是培养受教育者运用所学知识独立分析、解决问题的能力，并内化为个体的世界观与方法论。二是以实际参与的方式，促使受教育者融入到教育教学过程，形成教学互动，从而提高课程教学的实效性。三是通过实践，让学生接触社会，了解现实，培育受教育者与外部社会的关联意识，找到自己在社会生活中的定位。由此可见，思想政治理论课实践教学目标可体现为三个方面：知识体验；德性培育以及能力造就。[①] 为实现高校思想政治理论课实践教学目标，需从六个方面加强思想政治理论课实践教学。

（一）明确思想政治理论课实践教学的基本原则

1. 加强针对性

社会实践活动的针对性是取得教学实效的前提和基础。思想政治课的社会实践活动，要善于针对学科的实际和学生的实际，包括学科特征、教学目标、学生的身心特点、思想状况、实际需要和薄弱环节，采取与之相适应的社会实践形式和方法，有的放矢地进行，切实提高社会实践活动效果。

2. 提倡自主性

在学生社会实践活动中，必须明确这一活动的主体是学生，一定要引导学生主动参与，积极实践，始终处于活动全过程中的主体地位。教师切忌包办代替，教师应成为学生社会实践活动的组织者和指导者，善于创造条件，优化环境，给学生更多自主的时间和空间，鼓励学生自愿选择、主动参与，激发学生的参与兴趣和创造性，提高学生的探索欲望和热情。

3. 注意灵活性

社会实践活动应针对不同对象和情况，采用灵活、恰当的方式进行，内容应丰富多彩，形式可灵活多样，切忌"一刀切"。就内容来说，既有外出参观、考察活动，如瞻仰革命历史遗址、参观高科技园区等；又有社会服务活动，如到长沙市福利院的义务服务活动、生态环境保护宣传活动等；还有社会问题调查，如长沙市低收入人群生活现状调查、大学生月消费情况调查等。从形式上看，既可以是学校统一组织安排的大规模实践调研活动，也可以是思想政治课教师单独组织的实践活动，还可以是学生自发组织、分散进行的社会实践等。

---

① 吴绍禹，刘世华. 论思想政治理论课实践教学的内涵及环节 [J]. 黑龙江高教研究，2008（5）：167.

4. 确保安全性

现在大学生一般都活泼好动，崇尚个性张扬，加上近年来学生安全事故时有发生，因此，在组织学生参加社会实践活动时，要做到周密安排、科学规划、措施得力、人员到位，提高活动的组织性、纪律性以及学生的安全防范和自我保护意识，既不能因噎废食，又要确保活动的安全、有效。

（二）规范思想政治理论课实践教学实施步骤

组织思想政治理论课实践教学的是一项较为复杂而细致的工作。思想政治课教师应以严谨科学的态度，认真组织，合理安排，重视社会实践活动的每个步骤和环节，把握关键，做到游刃有余。组织学生参加社会实践活动，主要由三个阶段组成：

1. 准备阶段

准备阶段是保证学生顺利开展社会实践活动的前提和基础。在活动实施前，教师要指导学生做好两个方面的准备工作：

一是指导学生分组分工。一般来说，学生每组以4—6人为宜。人太多容易走形式，不利于发挥每位学生的积极性；人太少又缺乏必要的交流与共鸣。分组方法有：按照学生的兴趣爱好分组，适合研究型的社会实践活动；按照学生的实际居住地分组，适合区域范围内的实践活动；按照不同性格类型的学生分组，适合操作性强的实践活动，便于学生发挥优势互补。分组应以学生自愿为主，提倡成员之间相互学习，取长补短，培养协作精神和团队精神。小组之间也要加强交流合作，相互借鉴。完成分组后，教师再指导学生进行合理分工，选出小组长，明确责任和任务，按小组进行讨论，制订实践活动计划，认真填写《社会实践活动调查报告》。

二是落实时间、地点等内容。在实践活动开始前的一周左右，教师要落实好活动的时间、地点、人数、设备以及交通工具、费用等，提醒学生准备好笔、记录本、照相机、摄像机等辅助工具。有条件的话，教师最好事先实地考察一下目的地，做到心中有数，使实践活动的开展更顺畅、操作性更强。如组织学生参观湖南省博物馆，虽然目前博物馆已免费为市民和学生开放，但需要拿票才能入场，如果事先没有做好准备，当天排队拿票，光排队就得花上好几个小时，所以应该提前排队拿票或通过网上预订。

2. 具体实践阶段

具体实践阶段是保证社会实践活动效果的关键一环。这一阶段可分三步进行，即收集材料、亲身体验和加工整理。

第一步：收集材料。要求学生通过各种途径，包括收集图书资料、网上搜寻、问卷调查等，获取大量信息资料，如基本情况、主要数据、图片、照片等。教师应告诉学生观察事物和收集材料的方法，尽可能多地增加学生的感性认识。

　　第二步：亲身体验。学生收集到丰富的材料和数据后，要深入社会生活，亲身体验，帮助学生将理性认识与感性认识结合起来。为使这一工作顺利进行，教师要向学生提出明确的行为规范要求，注重学生形象，做到文明、有序，听从管理人员的指挥，单独行动时，要特别注意人身和财产安全等。

　　第三步：加工整理。通过前面两个步骤，学生从感性与理性相结合的角度，对问题有了一个基本的看法和体会。这时候，教师要指导学生围绕主题，根据收集到的材料和本人的切身体验，对相关资料进行筛选、分析、加工、整理，形成《社会实践活动调查报告》，就具体问题提出自己的设想、见解和建议等。

　　3. 评价阶段

　　评价阶段是对社会实践活动效果的总结和提高，这一阶段往往容易被忽略、淡化，教师必须善于抓住。总结、评价不是简单地评价学生社会实践活动的能力，主要应当着眼于鼓励学生继续参加社会实践、探索问题、解决问题的热情，使学生在探索、研究问题的过程中，不断提高分析和解决问题的能力。对学生在实践探索过程中出现的错误与失误，暂不予以批评，在充分肯定学生探索精神的前提下，在充分肯定学生成绩的基础上，着重分析学生出现失误的原因，使学生能发现自己的问题，及时修正失误，并寻求新的解决问题的方法。对学生社会实践活动的评价是一种动态评估，重在过程评价，重在对学生的情感和态度的评价，其最终目的是为了总结和提高。切忌仅用分数估量学生的实践能力，以免挫伤学生的积极性和创造性。

　　对学生社会实践活动的评价可从以下几个方面综合考虑：第一：学生参加社会实践活动的态度，包括活动前的准备、活动中的参与、活动后的思考、提出建议意见等情况；第二：学生参加社会实践活动的能力，主要是指学生在参加社会实践活动中，如何将所学理论知识运用于指导实践活动，即由"知"向"行"的转化能力；第三：学生参加社会实践活动的收获，主要是指学生参加社会实践活动后对有关问题的了解、认识、理解程度，以及自己从中得到的收获和体会。

（三）加强思想政治理论课实践教学基地建设

　　实践教学基地是开展思想政治理论课实践教学的载体，只有建立充足的实践教学基地，才能切实保障实践教学的学生覆盖率。加强思想政治理论课实践教学基地建设应注意两个结合。

　　一是因地制宜，结合当地资源进行开发。高校可通过校地共建、校企共建等途径，主动联系当地的贫困乡村、敬老院、经济技术开发区、高科技企业等单位，努力将这些教育资源开发为思想政治理论课实践教学基地。例如长沙经济技术开发区是湖南首家国家级经济技术开发区，大力实施智能制造与现代服务业"双轮驱动"、智慧园区与人才高地"双臂支撑"，已成为中部地区工业发展的核心增长极和重要驱动力，拥有年产值亿元以上企业 93 家，10 亿元以上企业 23 家，100 亿元以上企业 7 家。以此作为思想政治理论课实践教学基地，因为企业众多，交通便利，相关基础条件完善，不仅能够大规模组织学生进行实地参观、考查，而且经济技术开发区的上汽大众、广汽三菱、三一集团、中联重科、蓝思科技、纽曼数码等知名企业对大学生有着强烈的感召力，能够有效调动学生参与社会实践的积极性。

二是理论联系实际，结合思想政治理论课进行开发。高校思想政治理论课五门课程教学内容丰富，涵盖了经济、政治、文化、社会、生态等诸多方面的理论知识，思想政治理论课实践教学基地建设需结合五门课程具体的教学目标和内容有针对性地开发特色实践教学资源。如《思想道德修养与法律基础》课围绕提高大学生思想道德素质目标，可与社区合作对农民工子女开设义务辅导班，将为人民服务内化为一种信仰；围绕增强大学生社会主义法制观念，可与当地法庭、监狱联系，组织大学生到法庭旁听，到监狱参观并听服刑人员现身说法，切实感受到法治的力量。又如《毛泽东思想和中国特色社会主义理论体系概论》基本内容为毛泽东思想、邓小平理论、三个代表重要思想概论、科学发展观、习近平新时代中国特色社会主义思想，可通过参观三一集团全球最先进、亚洲最大的现代化数字工厂，帮助学生深刻理解邓小平理论的"科学技术是第一生产力"等核心观点，可通过参观全国首个以资源节约型、环境友好型社会建设为主题的展览馆长株潭两型社会展览馆，帮助学生正确认识科学发展观的重要意义和科学内涵等。

（四）加强思想政治理论课实践教学师资建设

教师担负着思想政治理论课实践教学的组织、指导、考核等多项任务，是思想政治理论课实践教学取得理想效果的决定性因素。加强思想政治理论课实践教学师资建设需解决师资不足和专业化两个核心问题。

针对思想政治理论课实践教学师资不足问题，短时间内新增足额的思想政治理论课专职教师无法实现，只能从校内外教育资源中进行挖掘。从校内来看，可以补充专职辅导员、专业课教师承担思想政治理论课实践教学任务，可以从高年级学生中选拔能力强、实践经验丰富的大学生作为思想政治理论课实践教学助教，协助教学完成思想政治理论课实践教学。从校外来看，可以从企业、社区、乡镇等基层聘请相关专业人事作为思想政治理论课实践教学的兼职教师，充分发挥他们的专业特长指导学生进行社会实践。

"闻道有先后，术业有专攻"，从专业化角度看，目前还没有形成一支专业化的思政课实践教学师资队伍，需从两个方面着手提升思想政治理论课实践教学的专业化水平。一方面，加大师资培训力度。大多数教师都是从学校到学校，本身也缺乏实践经历，因此要通过组织教师参观、考察、调查、挂职等多种培训方式尽快丰富教师的社会实践经验，增强教师实践能力。另一方面，要充分发挥教师的专长。思想政治理论课实践教学主要由思想政治理论课教师、专职辅导员、专业教师组成，但这三类教师既有优势也存在明显不足，需要扬长避短地发挥他们的专业所长。思想政治理论课教师具有较为扎实的理论功底，可主要负责宣讲发动，指导学生运用理论分析在社会实践中遇到的各种问题，批改学生的社会实践报告、成绩评定等工作。专职辅导员具有一定的思想政治教育理论基础和较强的组织管理能力，可负责社会实践的具体实施，与学生一道参与社会实践，帮助解决学生社会实践中遇到的实际困难。专业课教师更了解本专业相关行业发展动态的特点，具有鲜明的专业特长，可指导学生结合所学专业开展相关专题调查、志愿服务，如电子商务专业教师可指导学生帮助农户建立网络销售平台，电子专业教师可指导学生开展义务维修等志愿活动等等。

（五）精心指导学生撰写社会实践报告

社会实践报告是大学生结合自主选择的主题，通过社会实践对其客观实际情况进行深入调查，然后结合相关理论对调查了解到的实际情况进行分析研究，查找原因，提出对策，总结经验教训，最后以书面形式陈述出来的实践成果。撰写社会实践报告不仅要求学生有较强的文字功底，而且对学生的分析、总结能力有较高的要求。如果没有思想政治理论课教师的全程指导，学生的社会实践报告常会写成流水账式报告，甚至个别学生会因畏难情绪而直接从网络复制别人的实践报告以完成任务。因此，思想政治理论课教师在学生进行社会实践之前，就应该详细告知学生撰写社会实践报告的具体要求及注意事项。在学生实践的过程中，要及时帮助学生发现有价值的问题。在学生提交社会实践报告后，不能仅仅打个分数，而是要针对社会实践报告中存在的问题提出具体而详细的修改建议，要求学生进一步完善，提高社会实践报告质量。只有这样，学生才能将社会实践中的感性认识转化为理性认知，才能将社会实践的亲身经历和真情实感提炼成一篇高水平的社会实践报告。

大学生社会实践报告范例

报告题目：
创新农村发展，助力脱贫攻坚——石门县维新镇贫困农村精准扶贫调研报告

班级：机器人1705、机电1701班
姓名：戴小威、黄钢
指导老师：王司娟、洪亮
正文
"精准扶贫"的重要思想最早是在2013年11月，习近平同志到湖南湘西考察时提出来的。2014年1月，中央办公厅对精准扶贫工作进行了顶层设计，推动了这一思想的落地。同年3月，习近平参加两会代表团审议时强调，要实施精准扶贫，瞄准扶贫对象，进行重点施策。进一步诠释了精准扶贫理念。2015年1月，习近平总书记新年首个调研地点选择了云南，总书记强调坚决打好扶贫开发攻坚战，加快民族地区经济社会发展。5个月后，总书记来到与云南毗邻的贵州省，强调要科学谋划好"十三五"时期扶贫开发工作，确保贫困人口到2020年如期脱贫，并提出扶贫开发"贵在精准，重在精准，成败之举在于精准"，"精准扶贫"成为各界热议的关键词

2018年7月23日，我们湖南机电职业技术学院电气工程学院暑期"三下乡"队伍踏上常德市维新镇重阳树村之路，开展了为期十天的暑期社会实践活动。在此过程中，我们围绕"精准扶贫"这个主题开展了下乡调研，调研主要是以问卷调查为主要形式，另外再结合走访进行的，以此来保证调研的结果具有普遍性及真实性。我们希望此次调研能够了解到重阳树村的"精准扶贫的基本情况，再结合我们的分析与思考为重阳树村未来的发展贡献自己的力量。

调研时间：2018年7月24日——2018年7月30日

调研对象：常德市维新镇重阳树村贫困家庭

调研情况：

一、实践地维新镇重阳树村现状

（一）基本村况

重阳树村由原重阳树、下坪北合并而成，有农户260户，7个村民小组，总人口1 086人，水田面积250亩，旱地500亩，水面40亩，山林6 000亩，现有党员30人。重阳树村主要特色产业为脐橙，有1 200亩脐橙园，其中挂果树1 100亩，幼树100亩。

（二）贫困现状

在2016年"摘帽"后现有农户306户，986人，贫困户60户，157人，下属七个村民小组。国土面积13平方公里，2014年县级贫困村，主要经济来源是"脐橙"。1988年从湖北引进，是石门县第一个首先引进的村部，现有面积2千多万亩产量有4百多万斤。

（三）贫困成因

1. 缺乏劳动力，家庭成员年老或残疾

缺劳动力的贫困人口是扶贫工作的难点。目前，农村的社会保障机制还不健全，没有任形式的医疗和社会保险，对农户而言，如果家中有残疾人、体弱或年老丧失劳动能力的人员，不仅对家庭没有收入的贡献，反而还增大支出，导致家庭长期陷入贫困之中。就是脱了贫也容易返贫，需要政府和社会对他们进行救助。

2. 突患疾病和重病

贫困户中若有长期生病或重大疾病患者，不仅不能通过劳动获得收入，而医疗费用又居高不下，有的甚至债台高筑。对贫困农户来说，生病以后，常常是小病打，大病拖，对不能再扛、不能再拖的病，治疗费用就成了这些农户的沉重负担，这类贫困户因为长期积累的医疗费用和长期生病压得他们喘不过气来，自身无精力和信心摆脱贫困。

3. 缺资金，缺项目

缺资金、缺项目的贫困农户的经济状况一般都处在脱贫的临界线上，对此类贫困户采取帮扶措施容易见成效，针对这类贫困户，应从提供增收项目，提供资金、信息方面给予帮助，使其尽快摆脱贫困。

二、对村内精准扶贫力度的考察

现在政府的扶贫政策主要有产业扶贫、雨露计划、慰问金、粮食补贴、医疗帮扶和小额信贷。我们通过实地走访了解到一些家庭改变如下：

1. 基本情况稍微好转，女儿上高一，现在政府对家庭的补助有教育补贴，危房改造。基本收入来源有脐橙种植和外出劳动。现在家中有200颗大树和今年刚种植的小苗，村上的干部对脐橙树苗种植很重视。

2. 家庭主要种植业收入，养殖业收入。现在主要享受的政府的资助有粮食补贴、政府救助、教育帮扶和因病致贫的基本政策。现在家庭基本情况得到改善，主要致贫原因是因病致贫。

三、脱贫思路与对策

1. 积极协调衔接项目

在积极动员群众自力更生、艰苦奋斗的同时，根据联系重阳树村的实际和需要，积极协调有关部门落实发展资金，争取帮扶项目，并动员和引导群众参与规划制订、项目实施和工程监管，积极增加农户收入，壮大集体经济。协助加大宣传推广力度，让重阳树村的农副产品走出山区。

2. 实现长久发展

（1）种植优良脐橙

高标准建园。选择合适的园地，合理建筑梯田。

加强土肥水管理。适当为土层施草、垃圾、农家肥等有机肥，以提高土壤的有机质含量，不断增强土壤肥力，为脐橙的稳产高产奠定基础；进行深翻操作，防止水土流失；根据脐橙生长的不同树龄和不同的生长时期施用肥料；合理灌溉也是纽贺尔脐橙丰产的重要措施。

合理整形修剪。不同时期保留的枝干不同，有利于增加脐橙的产量和寿命。

保花保果。保花保果是提高座果率也是脐橙早结丰产重要的一个环节。保障植株营养的供应，适当喷布植物生长调节剂。

(2) 适当开发旅游业、宣传推广。

四、活动总结

经历了七天的下乡调研生活，我们通过对重阳树村的调研我们也了解了重阳树村建设的情况，在那七天的日子虽然很累、很晒，我们没有一点怨言，反倒很珍惜大家在一起相处的日子，一起在食堂吃饭、一起下乡调研、一起休息，所有的记忆我们都不会忘记。此次社会实践可以说每个人都付出很多时间和精力。这次实践活动也是我们大学生接触社会次很好的经历，让我们提前了解社会，贡献社会。此外还能让我们意识到自己的不足，精心潜练为达到服务社会的目标而努力。总之这个暑期的"三下乡"社会实践活动是丰富而有意义的，一些心得和体会让人感到兴奋但却决不仅仅用兴奋就能描述的，因为这是一种实实在在的收获。"三下乡"活动不仅是一次实践更是一次人生经历中宝贵的财富。

（六）开展大学生社会实践经验交流

社会实践经验交流是高校思想政治理论课实践教学的重要环节，但同时也是被许多高校师生忽视的一个环节。有些学生认为只要按照要求完成了社会实践报告，就意味着社会实践到此为止，有些思想政治理论课教师也未能充分认识到社会实践经验交流的价值，局限于批改学生社会实践报告并将成绩纳入学生考核。大学生深入社区、企业、乡村，开展了形式多样的社会实践之后获得的亲身经历、经验总结，这是极具价值的教学资源，应充分利用。此外，由学生上台分享自己的社会实践，可以改变以往思想政治理论课"教师讲、学生听"的教学模式，而且由于这些学生的思想、情感贴近大学生实际，更易于感染和同化广大学生。

大学生社会实践经验交流可从班级、学校、网络三个层面开展。第一个层面是班级社会实践经验交流。"三人行，必有我师"，由于班级人数较少且相互之间比较熟悉，学生面对面地围绕社会实践的相关问题开展讨论，更容易碰撞出新的思想火花。因此，在主讲学生发言完毕后，设置班级同学提问环节，能够引导学生进行更深入的探讨，让学生从不同的角度，不同的层次都受到教育，都得到提高。第二个层面是学校社会实践经验交流。学校在召开年度大学生社会实践表彰大会时，选拔实践成果突出、口头表达能力强的优秀学生代表讲述自己的实践经历、感受、经验，为今后本校学生的社会实践树立标杆。第三个层面是网络社会实践成果推广。运用信息化技术，将优秀社会实践报告转化为网络文章、微视频等青年喜闻乐见的信息化实践教学资源，这样不仅能够快速传播优秀社会实践成果，扩大社会实践的影响力和收益面，而且有利于学生与学生、学校与学校之间共享思政课实践教学信息，扩展思想政治理论课实践教学的空间及范围，丰富思想政治理论课实践教学的内容和形式。

大学生社会实践经验交流材料一

尊敬的领导、老师，亲爱的学弟学妹们：

你们好！

我是来自机械工程学院机制 1205 班的屈武，十分荣幸作为代表能够在这里发言。下面我把自己暑期社会实践的经历和感悟分享给大家。

经过我反复斟酌，我选择了在长沙的世界之窗，所应聘的职位是操作员，主要负责游戏娱乐设备的正常运行以及游客的安全。但当我上岗第一天，并没有料想中的那么从容，整个人显得十分狼狈。经过几次磨练，使我变得更加从容稳重。工作中有时候总感觉到，预想与现实相违背，因此只有在实践中去检验自己，才能发现自己的不足，只有通过社会实践才能锻炼自己，增长才干。

在工作期间，我最担心的是再给游客检票时候的手忙脚乱，这样会导致我出一些小差错。经过我对每次失误的总结，对于各类意外情况的处理有了很有效的解决方法。这让深深感悟到，走向社会，我们会独自面临很多各类各样的问题，我们要学会独立思考问题，培养独立解决问题的能力。虽然在独自解决问题的过程会遇到一些尴尬和苦涩，但收获的东西却是甘甜的。

最后领的工资虽然只是一点点的钱，但是我知道，一个人在他的学生时代最重要的是学习东西，增长见识，锻炼能力，尤其在大学学习时候，参于社会实践活动是一个很好的锻炼机会，赚钱不是主要。，作为学生，等我们毕业了会有很多赚钱的机会，只要有知识和能力，智慧，我们就可以找到好的工作。珍惜我们的每一个工作机会，不论什么人，什么学历，从事什么工作，好好的表现、展现最好的自己。不要错过好的机遇，没有一件事情是轻轻松松的，但每一件事都是让人成长的。经历一段过程，喜悦或是艰辛，尽管经历的方式不尽相同，但它的结果是相同的，我们都会因涉事而成长。无论遇到什么事情，我们要耐心、细心。一步一个脚印、踏踏实实的去完成每一件事情。

通过我的这次社会实践，我想告诉学弟学妹们的是：首先我们要学好在大学里的理论课程和专业课程以及基本技能，用知识的力量武装自己。其次，积极参与社会实践，把握每一个能够锻炼自己的机会，完善自我，增长才干。在社会实践中培养独立分析问题，解决问题的能力，为步入社会打下坚实的基础。对待每一件事情我们都要有耐心，踏踏实实走好每一步，在磨练和积累中不断蜕变自我，永远展现最好的自己！

大学生社会实践经验交流材料二

尊敬的各位领导、老师、亲爱的同学们：

大家好，我叫陈莲莲，来自多媒体 1201 班，今天我很荣幸能够站在这里为大家谈谈我的社会实践工作经历以及感受。

今年暑假，我开始了人生中的第一份工作，是和几个同学结伴一起去的，我选择了广东，进了顺德北窖的一家叫盈峰的电子有限公司，它主要生产各种电器的电路板。

在经过第一天培训之后，我们正式成为作业员。所谓的作业员就是流水线上的工人，我们一天要上12个小时的班，中午就只有1个小时的休息时间。工资是按小时算的，每小时7.5元。

由于是新人，我们分配的工作是插零件，分别把那些小零件插进相应的小空中。刚开始小组长就把我们分到一条流水线的前面，我们动作很慢下面根本就没有扳子可以下。小组长就开始责怪我们，旁边的人也都只是冷眼看着，我们当时心里觉得很委屈。但是也没有办法，这个工作要求的是一定得专心和手快，而我们刚刚接触根本不熟悉，难免出错。

刚开始做的时候感觉真的很累，等不急的想要下班，心情很浮躁。接下来几天，手就开始酸痛，几天之后，手只要一抬，就会隐隐作痛。面对组长的责怪，同事的冷眼旁观，整个人都感到很疲惫。

做了两天我们的队伍就有人坚持不下去了，有1个人离开了。那几天我的心情很浮躁很不安。那个时候我也想过要不要放弃。又过了3天另一个伙伴也走了。当时家里又打电话来说辛苦就回去吧！我动摇了，在这个陌生的城市，身边的同伴一个个的离开，让我感到身心受煎熬。那个时候我常常想到我的父母，我在这里挣钱困难，他们做事又怎么会不辛苦，我只是想工作一个暑假，而他们却为了我们的家工作了半辈子，他们受的苦、受的委屈比我多很多。

最后我还是坚持下来了！因为总有一天我还是要离开学校离开父母，独立生活。外面的世界很辛苦、很无奈，我必须面对，我必须依靠自己在社会上生存。

我们留下来的几个人每天都算着日子过，慢慢的我们开始熟练了，动手能力快了，也和其他员工混熟了，开始7觉的时间没那么难熬了。但也到了我们要离开的时候了。我们去拿工资的时候真的非常的激动，拿到钱了有种自豪感又有种想哭的冲动。

在做暑假工期间，我收获了很多，具体包括以下几方面：

（1）我明白：生存不容易、赚钱很辛苦。

（2）我明白：我应该感谢父母，他们提供了我学习生活的有利条件，他们勤劳坚忍地劳动，为的是我们的日子过得更好。

（3）我明白：在工作中和同事保持良好的关系是很重要的。像我们这样即将步入社会的学生来说，需要学习的东西很多，要学做事先学做人，与人和谐共处是我们步入社会的基本条件。

这次的社会实践我收获的不仅仅是金钱，收获更多的是成长是领悟，而且丰富了我的实践经验。

大学生社会实践经验交流材料三

尊敬的各位领导、老师、亲爱的同学们：

大家好，我叫向恋，来自电子0901班，很高兴能够站在这里和大家交流我的社会实践工作经历以及感受。

暑假的时候我回到我的家乡——张家界，做了为期两个月的导游，在这两个月的工作中我也获得了一些受益匪浅的经验，为此，我将它们归纳为以下几点供大家参考。

1. 笨鸟先飞"不如"胸有成竹"

我是在离假期还有一个月的时候递交的应聘申请，我一直认为导游是一份十分简单的工作，无外乎就是带领游客吃喝玩乐，因此并没有做什么准备，可是当公司把相关文件传过来时我吓了一跳，整整四十六页的资料，不仅仅包括应聘者的学历、特长、语言面还涵盖了旅游地的历史地理、风土人情，甚至是传说和神话故事。我这才感到自己的自以为是有多么的愚蠢，拿着厚厚的一叠资料却无法落笔，如临冰渊。

最后我是凭着唯一的优势——普通话达到二甲水平而勉强通过了录用。

在就职培训阶段，我的骄傲就早已荡然无存，我深知自己与他人的差距，为了跟上别人的脚步，只能选择随时随地抱着资料苦记……以前总听到有人说要笨鸟先飞，通过这次经历我却明白了笨鸟先飞其实是一种被逼到墙角后最无可奈何的选择，我可以告诉你——如果你想要成功，想要轻松的做好一件事，胜任一份工作，除了"胸有成竹"还必须是"胸有成竹"！

笨鸟先飞是由于它对要做的事情一无所知，而大家看看当今社会上铺天盖地的招聘广告，哪个不是写着"有工作经验者优先"？所以不要对你目前的优秀成绩沾沾自喜，在空闲时间玩游戏，斗地主或者睡大觉，那么也许你走出这个校门后，去做清洁工都没有人要你。

2. 一定要有一项自己的优势

什么是自己的优势，就是你现在正在学习的专业，这是你的选择，既然选择了就要有决心将它学好、学精。否则走出去便会贻笑大方，工作过程中就有一件小事令我至今都无法忘怀：

我住的地方有天晚上因为用电功率过大烧坏了电表，组长提议我去修理一下，然而我看一下那个对我来说很复杂的电路摇头说：不会！马上就有人用惊奇的目光望向我："你不是学电子的么，怎么这么简单的电路检修都不会呢？"

是的，如果是其它知识，我完全可以理直气壮的说不会，不会就是不会！但若是连自己本专业的东西都不精，那可就真的是无地自容了。

不论你们现在对自己的专业是怎样的一个看法，选择了就不要放弃，并将它学的更好。

3. 学好外语很重要

我在带团游览国家森林公园的时候遇到了一位掉队的英国游客，不得已的情况下他加入了我的团队，我当时的心情可以用八个字来形容：忐忑不安、羞愧难当。这是因为我除了会说：hello, nice to meet you……此类的单句外，其他一概不会说，而他说的我也听不懂，还是团队中的一个老人为我解了围。

在当今的社会，经济全球化的模式日趋成型，多学会一门外语就多一份机遇，就多一份成功的胜算。我们十分有必要加强自己的外语学习。

4. 学会节约用钱和感恩

世界上没有哪一份工作做起来是完全没有压力的，我每天早上5：30就要起床安排游客的就餐，直到晚上10点游客休息了才算完整意义上的下班，有时候带团去看歌剧，时间还会往后推。而在游览的过程中经常会遇到有些游客不喜欢乘坐游览车，要求步行，作为导游就必须跟着，一天下来，很让人吃不消。

我妈妈经常打电话说："吃不好就回家吃饭，到家也就二十分钟车程，实在累就不干了，反正也赚不了几块钱。"

我知道她是心疼我，但是当我体会到用自己的双手赚钱的苦累之后，就越发的不能原谅自己以往对父母的给予心安理得的接受的行为。

我们常常对于自己手中的钱财不以为然，那是因为这钱来的太容易了！一个电话或者一条短信，父母就会马上把钱打到我们的卡上，也许还是我们要500他们打700，要700他们打1 000。

如果有一天你赚了钱，那么我保证你绝对不会肆无忌惮的拿着自己的血汗钱去 KTV 或者酒店挥霍，退一万步讲，至少你会掂酌。

我们要学会节约用钱，要记得那是父母辛辛苦苦得来的，我们更要学会感恩，因为没有人有责任为我们做那么多，如果有人去做了，那仅仅是因为爱。

5. 学会正确的处理人际关系

"十年树木，百年树人。"做人是一个永恒的话题。

在学校里我们的圈子小，环境干净，矛盾再大也大不到哪里去，然而社会是一张纷繁复杂的巨网，一个不小心就会万劫不复！走上社会后，你需要处理自己和同事之间的关系，和上司之间的关系，和亲戚朋友之间的关系，甚至还有一些意外而来的莫名其妙的人和事。

我在带团的过程中有个人不知因为什么原因和另一人有了矛盾，两个人都无法忍受与对方呆在一个团队，但是两个人又同时都不肯加入其它团队，最后闹到了上司那里，那么错的是谁呢？是那两个游客么？不！是我，也只会是我。是我的能力不够，是我的工作不到位，是我没处理好自己和他们之间的关系……所以说如果有一天你发现你与周围的环境不和，那么你只能从自己开始改变，并逐渐融入到这个环境中去，积累你自己的力量。只有有了资本，你才能开始尝试去影响这个环境。

这就是生存，这才是生活！

所以说，学校是一片净土，我们在父母和师长的庇护下成长，不论取得多大的成果就没有资格骄傲，人生的路靠双脚行走，靠双手拼搏，只有等自己真正走过之后才能得出客观的评价。

我希望我们的同学都能够好好的体味我们今天讨论的话题，并且开始尝试用自己的双手去独立的生活。我预祝各位成功！

第七章
教学考核

教学考核是高校思想政治理论课教学的一个重要环节。但是，由于思想政治理论课的特殊性，教学考核是一项很难把握的工作。绩效技术作为一种整体化、综合化、系统化提升组织工作成效的程序方法，自20世纪60、70年代以来在企业的生产、管理等领域得到成功运用，20世纪80年代后逐步被引入教育领域。从绩效技术的视角出发，对高校思想政治理论课教学考核进行系统分析，有利于提升思想政治理论课教学实效性。

一、思想政治理论课教学绩效考核环境建设

（一）加强高校思想政治理论课教学绩效考核环境建设的重要性

开展高校思想政治理论课教学绩效考核，需要一个良好的环境。绩效考核环境的优劣，直接关系到高校思想政治理论课教学绩效考核的效果。无论是从马克思主义思想政治教育环境论和绩效考核理论来看，还是从当前研究的现状来看，深入进行绩效考核环境研究对于推动高校思想政治理论课教学绩效考核效果有着重要的意义。

1. 从马克思主义思想政治教育环境论看，环境决定人们的思想和观念

马克思主义认为，"人们的观念、观点和概念，一句话，人们的意识，随着人们的生活条件、人们的社会关系、人们的社会存在的改变而改变。"① 高校思想政治理论课教学绩效考核对象不能脱离一定的社会关系和物质条件而存在，一定的社会关系和物质条件构成了高校思想政治理论课教学绩效考核所面对的不同环境。可以说，考核环境对考核对象的意识发生着重要的影响和作用，是高校思想政治理论课教学绩效考核得以进行的客观条件，在一定意义上对高校思想政治理论课教学绩效考核起着关键性的作用。因此，加强高校思想政治理论课教学绩效考核环境建设是提高高校思想政治理论课绩效不可缺少的重要途径和内容。

2. 从绩效考核理论看，绩效考核环境很大程度上决定着绩效考核的效力

高校思想政治理论课教学绩效考核的环境涉及各个方面，并且对它所涉及的

---

① 中共中央编译局. 马克思恩格斯选集（第1卷）[M]. 北京：人民出版社，1995：291.

各个方面都有所影响——特别是考评体系的技术以及使用这种考评体系的人。人们究竟是正面看待考核还是负面看待考核,主要决定于它的环境关系。在消极的高校思想政治理论课教学绩效考核环境中,会导致人们对考核产生负面态度,并引起随之而来的消极行为,如不顾全局的利益而利用考评系统的漏洞提升自己的考核数据,毁掉组织为改善考核体系而做出的所有努力,使绩效考核的很多潜在力量无法得以实现。而如果建设积极的高校思想政治理论课教学绩效考核环境,人们没有欺骗的动机和行为,一切考核按照程序和制度客观进行,将大大提高绩效考核的效率。所以,有西方学者甚至提出"考评的环境实际上比考评本身更为重要"① 的观点。

3. 从高校思想政治理论课教学绩效研究现状看,对绩效环境研究有待于提高

近年来,我国一些学者和思想政治教育工作者将绩效考核理论与高校思想政治理论课教学相结合,对高校思想政治理论课教学绩效考核进行了有益探索,这对于加强和改进高校思想政治理论课教学起到了积极的作用。当前侧重从绩效管理理论研究思想政治理论课教学,如考核指标体系、考核方法等,而对于如何在积极的环境下更好地开展高校思想政治理论课教学绩效考核工作并没有作深入探索。因此,探讨加强高校思想政治理论课教学绩效考核环境建设,是摆在广大思想政治教育工作者面前的一个新课题。

(二) 高校思想政治理论课教学绩效考核环境的特点

要对高校思想政治理论课教学绩效考核环境的特点进行分析,首先,应该对高校思想政治理论课教学绩效考核环境这个概念进行界定。《辞海》对环境概念的定义为:围绕所辖的区域以及人类赖以生存和发展的社会和物质条件的综合体。由此引申出,高校思想政治理论课教学绩效考核环境是指对高校思想政治理论课教学考核活动产生影响的一切外部因素的总和。认真分析高校思想政治理论课教学绩效考核环境的概念和内容,可以发现其四个显著特点,具体如下:

1. 复杂性

"从主观角度而言,复杂性是一种思维方式,这种思维方式表现为非线性思维、整体性思维、关系性思维、过程性思维等;从客观的角度而言,复杂性是世界存在的一种状态,这种状态既表现为事物的客观存在,也表现为客观存在对人的影响的复杂性。"② 高校思想政治理论课教学绩效考核环境的复杂性主要体现在两个方面:一是高校思想政治理论课教学绩效考核环境是一个广泛而复杂的综合体系,包括舆论环境、工作环境、组织环境等等。这些复杂因素除了对绩效考核产生显著的、直接的影响外,还通过各种渠道对绩效考核产生隐性的、潜移默

---

① [美] 迪恩·R·斯彼德. 绩效考评革命 [M]. 北京:东方出版社,2007:3.
② 张耀灿,郑永廷,等. 现代思想政治教育学 [M]. 北京:人民出版社,2006:298.

化的作用。二是高校思想政治理论课教学绩效环境的影响性质具有多重性，有良性的与恶性的、积极的与消极的、先进的与落后的，这些不同性质的因素总是混杂在一起。而处于复杂环境系统中的高校思想政治理论课教学绩效考核，总是要与这些具体要素发生联系。

2. 可控性

控制论认为，所谓控制是指一个有组织的系统根据内外部的各种变化进行调整，不断克服系统的不确定性，使系统保持某种特点的状态，是施控主体对受控主体的一种能动作用，这种作用通过信息联系使受控主体根据施控主体的预定目标而动作，并最终达到这一目标。高校思想政治理论课教学绩效环境的可控性是指在一定条件下，在人为的作用和有目的的影响下，对高校思想政治理论课教学绩效环境进行有目的的改造。高校思想政治理论课绩效考核环境具有多种发展的可能性，而且其发展方向具有可选择性，其运动状态具有可变性，都说明高校思想政治理论课教学绩效考核环境可以被控制。同时，高校思想政治理论课教学绩效考核是一种社会控制活动，高校思想政治理论课教学绩效考核环境作为高校思想政治理论课绩效考核的重要组成部分，其本身也是需要控制的。因此，高校思想政治理论课教学绩效考核主体可以根据现实和目标的需要，对不利的绩效考核环境进行改造，有计划、有步骤地去改变一定社会范围内的环境因素，使消极因素转化为积极因素，使环境因素符合高校思想政治理论课教学绩效考核活动的需要。

3. 动态性

高校思想政治理论课教学绩效考核环境的动态性是由世界运动变化的根本特征决定的。当今时代，整个世界处于不断地发展变化之中，思想观念、意识形态、价值标准更是日新月异，高校思想政治理论课教学绩效考核环境不是一成不变的，必然要随之调整。因此，高校思想政治理论课教学绩效考核环境很大程度上表现出动态性的一面，呈现出日益变化的特征，这种动态性主要体现在两点：一是高校思想政治理论课教学绩效考核环境系统的各个要素是多样的，无论是高校内部的组织氛围、人际关系、人事关系等，还是外部的经济环境、政治环境、文化环境，它们都是处在不断变化之中的。二是人改造世界的实践活动会导致环境的变化，为了增强高校思想政治理论课教学绩效考核的效果而对思想政治理论课环境进行的主动改造也必然会引起高校思想政治理论课绩效考核环境的变化。

4. 继承性

马克思历史唯物主义观认为，人类社会具有历史继承性，不仅社会存在中的生产力首先是前人实践活动的客观结果，而且社会意识中也保留着历史上形成的反映过去社会存在状况的某些意识材料。高校思想政治理论课教学绩效考核环境的继承性表现在两个方面：一方面，高校思想政治理论课教学绩效考核环境的改变不是短期内就可以达到的，它应该被视作一个连续的改善过程，这种连续的改善必然是建立在继承历史环境中的某些物质要素和精神要素的基础之上的；另一方面，高校思想政治理论课教学绩效考核环境对考核对象的影响具有继承性，以往的考核经历会影响考核对象今后的行为，考核对象会根据历史环境中的某些积极因素和消极因素采取相应的行动。

（三）加强高校思想政治理论课教学绩效考核环境建设的原则

高校思想政治理论课教学绩效考核环境建设的原则，是人们在建设高校思想政治理论课教学绩效考核环境过程中必须遵循的基本准则，是思想政治理论课教学绩效环境建设应遵循的规律，是避免主观性和片面性，使高校思想政治理论课绩效考核环境建设收到实效的前提。一般来说，在进行高校思想政治理论课教学绩效考核环境建设时应遵循以下四个原则：

1. 目的性原则

目的性原则是指构建高校思想政治理论课教学绩效考核的环境，必须与高校思想政治理论课教学绩效考核的目的相一致，而高校思想政治理论课教学绩效考核的目的又必须与高校思想政治理论课的根本目的相一致。高校思想政治理论课教学的根本目的是："以大学生全面发展为目标，解放思想、实事求是、与时俱进，坚持以人为本，贴近实际、贴近生活、贴近学生，努力提高思想政治理论课的针对性、实效性和吸引力、感染力，培养德智体美全面发展的社会主义合格建设者和可靠接班人。"[①] 要让被考核对象真正感到考核目的是为了改进而非处罚或责备，并能自觉按照考核要求和指标进行，绩效考核的真正效力才会得以实现。

2. 整体性原则

系统整体性原则认为一切事物都具有系统的属性，而一切系统都具有整体性。高校思想政治理论课绩效考核环境是一个整体，其整体性表现在组织成高校思想政治理论课绩效考核环境系统的各要素以合理的组合，形成一定的结构，在系统内部既保持着相互之间的有机联系，又可通过自我调节发挥整体功能。整体性原则要求把高校思想政治理论课教学绩效考核环境作为一个系统来建设，重视各要素之间的关系，注意各要素之间的有机统一。如果各要素之间互相矛盾、不统一，绩效考核的作用就会抵消，甚至产生混乱和不良行为。因此，必须从系统整体出发，加强高校思想政治理论课教学绩效考核环境建设，只看局部，不注重全局，不能从根本上解决问题。

3. 公正性原则

公正性原则主要是从组织公正的角度，提升考核对象的公平感，从而调动考核对象的工作积极性，进而提高高校思想政治理论课教学绩效。公正性是贯彻执行绩效评价体系的前提。公正性原则要求高校思想政治理论课教学绩效考核环境

---

① 中共中央国务院. 关于进一步加强和改进大学生思想政治教育的意见 [N]. 人民日报，2004 - 10 - 15 (1).

建设特别要注意两个方面的公平：一方面，考核过程公平，考核者根据被考核者在一定时间内所承担工作的态度、责任、时效、质量等方面的表现，作出实事求是、客观的综合性评价，如果考核不能实事求是地对考核对象作出公正的评价，而是凭印象、关系、本位主义、个人喜好等因素进行评价，就会引起考核对象的不满；另一方面，结果公正，又称分配公平，考核对象只有当自己的付出和所得收入相比的结果与比较对象付出和收入相比的结果相等时才认为是公平的。

4. 以人为本原则

以人为本原则是以马克思主义以人为本思想为指导，建立在现实的人、社会的人基础上，强调人是目的，人是根本，人是关键，人是动力的原则，主张通过充分发挥人的主动性、能动性、创造性，最终实现人的潜能的充分开发，实现人的全面发展。人在高校思想政治理论课教学绩效考核过程中占有特殊的地位和作用。人是最活跃的因素，人的积极性发挥得如何，直接影响到高校思想政治理论课教学绩效考核的效果。高校思想政治理论课教学绩效考核环境建设要把人作为最重要的资源，以人为中心进行建设，充分发挥人的能动性，真正地尊重人，充分地依靠人，完美地塑造人，热情地服务人，建立人与其他高校思想政治理论课教学绩效考核环境因素之间的有机联系，最大限度地提高高校思想政治理论课教学绩效考核的整体实效。

二、思想政治理论课教学绩效指标

（一）高校思想政治理论课教学绩效指标的内涵

"绩效"一词源于英文中的"performance"，原意是"性能、能力、成绩、工作成果等"。[1] 汉语中"绩效"是指业绩和成效。"绩效指标"就是按照计划规定目标所达到的业绩和成效。近年来，绩效指标这一概念被广泛用于经济、管理等领域。高校思想政治理论课教学绩效指标，是指思想政治理论课教学活动要达到的成绩与效果。

（二）高校思想政治理论课教学绩效指标建立的原则

1. 科学性原则

建立绩效指标时，首先，要有科学的理论作指导，使绩效指标能够在基本概念和逻辑结构上严谨、合理，抓住评价对象的实质。同时，绩效指标是理论与实际相结合的产物，无论采用什么样的定性、定量方法，都必须是客观的抽象的描述，抓住最重要的、最本质的和最有代表性的东西。对绩效指标描述得越清楚、

---

[1] [美] R·M·加涅. 学习的条件和教学论 [M]. 上海：华东师范大学出版社，1999：34.

越简练、越符合实际,科学性就越强。

2. 少而精原则

绩效指标要通过一些关键绩效指标反映评价的目的,不需要做到面面俱到。建立支持绩效目标实现的关键绩效指标,不但可以帮助实施者把有限的资源集中在关键业务领域,还可以有效地缩短绩效信息的处理过程,乃至整个评价过程。同时,少而精的评价指标易于被实施者所理解和接受,也可以使评价者迅速了解绩效评价系统。

3. 可测性原则

评价指标本身的特征和该指标在评价过程中的现实可行性决定了评价指标的可测性。因为评价指标代表的对象也是不断变化的,所以在选择绩效指标时,要考虑获取相关绩效信息的难易程度,很难收集绩效信息的指标一般不应当作为绩效考核指标。

4. 针对性原则

绩效指标根植在学校这一"土壤"中,非常具有个性化特征。不同发展阶段、不同战略背景下的学校,绩效考核的目的、手段、结果运用是不相同的。绩效考核指标要收到绩效,关键不在于考核方案多么高深精准,而在于是否具有较强的针对性。思想政治理论课教学绩效指标必须针对高校的发展和学生思想实际,才能有效提高思想政治理论课效果。

(三) 思想政治理论课绩效指标的内容

高校思想政治理论课教学绩效指标应是一个较为完整和系统的体系。可从宏观层面借鉴管理学中较为成熟的"4E 指标",即经济指标(Economic)、效率指标(Efficiency)、效果指标(Effectiveness)、公平指标(Equity)等,尝试建立高校思想政治理论课教学绩效指标体系。

1. 经济指标

经济指标一般指组织投入到管理项目中的资源水准。所谓高校思想政治理论课教学资源,是指在思想政治理论课教学活动中,能够被教育者开发利用的、有利于实现思想政治理论课教学目的的各种要素的总和。从经济指标来说,思想政治理论课教学绩效评价须重点考核以下三个方面:

第一,量化投入到思想政治理论课教学中资源的数量。量变是质变的准备,投入到思想政治理论课教学中的资源的数量,将直接影响到思想政治理论课教学的效果。一方面要量化学校和当地已有自然资源和社会资源,将其纳入到思想政治理论课教学中,如校园环境、地域文化、博物馆等等。要避免对思想政治理论课教学资源的认识只局限于一个极小的范围内,看不到人民群众和现代社会中蕴藏着的丰富而实际的思想政治理论课教学资源,只停留在资源的表面或部分功能上,没有使一些思想政治理论课教学资源发挥其应有的作用。另一方面要量化投入的新的资源，各项投入应该是逐年增加的。如2015年教育部印发了《高等学校思想政治理论课建设标准》，规定各高校要保障思政课教学科研机构正常运转的各项经费并列入年初预算，同时，本科院校按在校本硕博全部在校生总数每生每年不低于20元，高职院校每生每年不低于15元的标准提取专项经费，用于教师学术交流、实践研修等，并随着学校经费的增长逐年增加，使思政课建设必要的经费切实得到有效保障。

第二，考核投入到思想政治理论课教学中资源的质量。要克服长期以来思想政治理论课教学存在的重形式、轻质量的错误倾向。例如，对思想政治理论课教师的培训，不能仅仅停留在会议培训模式上，应该结合思想政治理论课教学的需要，加强思想政治理论课教师的社会实践。

第三，思想政治理论课教学资源配置情况是否合理。合理的思想政治理论课教学资源应形成一个有助于各种资源发挥效能的有机环境，每种资源在整个资源结构中处于最恰当的位置，使各类资源间相互促进、相互支撑。思想政治理论课教学资源配置的目的是将教学资源配置到最恰当、最重要、效益性最好的地方，使其得到充分合理的使用，以保障思想政治理论课教学资源供给，节约思想政治理论课教学资源，提高思想政治理论课教学资源利用效率，最终实现思想政治理论课教学效益最大化。

2. 效率指标

效率是指在既定时间内，预算投入究竟产生了什么样的结果。例如，在工学结合人才培养模式下，高职学生至少有半年以上的时间在校外实习，不少高职院校已经实行"2+1"模式，进一步缩短了学生在校学习时间。要想在两年左右的时间内尽快提高学生的思想政治素养，就必须重视思想政治理论课教学的效率。从效率指标来说，思想政治理论课教学绩效评价须重点考核以下两个方面：

第一，思想政治理论课课堂效率。课堂教学是一种精神活动，不同于物质生产，难以统计核算出精确的效率数值，但毫无疑问，它也有一个课堂教学效率高低的问题。在实际教学过程中，思想政治理论课相对于其他专业课来说，学生对其重视程度不够，常常是老师主动灌输，学生被动接受，致使教学效果不太理想。高校要充分认识到思想政治理论课作为大学生思想政治教育的主渠道和主阵地作用，千方百计提高课堂效率。

第二，社会实践效率。课堂永远只是教育的一部分，成功的教育应该延伸到生活中。社会实践正是课堂的生活延伸，它的形式是丰富多彩的。一般高校开展的社会实践主要以参观、社会调查等为主要形式，在考核社会实践效率时应该重点考核学生在社会实践中取得了怎样的成果。因此，高校首先要把大学生的社会实践活动提高到培养中国特色社会主义建设者和接班人的高度来认识。其次要把社会实践活动与课程教学放在同等重要的地位来看待，社会实践活动应成为学校教学计划不可分割的一部分，要充分认识到社会实践活动与课程教学一样，是对大学生进行思想政治教育的重要载体，要积极探索和建立社会实践的保障体系、评价机制和长效机制。再次通过社会实践活动，大学生可以把理论的学习与实践结合起来，在实践中提高自己的技能，更进一步地坚定自己的思想政治信念。

3. 效果指标

效果通常以产出与结果之间的关系加以衡量，效果关心的是目标或结果。思想政治理论课教学效果指标主要以思想政治理论课教学目标和社会效果为依据。以高职院校为例，"职业教育的任务主要是培养生产、管理和服务第一线的技能型人才。"[1]《教育部关于全面提高高等职业教育质量的若干意见》中指出："要高度重视学生的职业道德教育和法制教育，要重视培养学生的诚信品质、敬业精神和责任意识、遵纪守法意识，培养出一批高素质的技能人才。"由此可见，"职业道德素质已经成为高等职业教育人才培养的第一质量。"[2] 要比较客观地反映思想政治理论课教学目标的执行效果，其评价应综合体现以下四个方面的内容：

第一，看思想政治理论课教学的教育者是否坚强有力，是否发挥了思想政治理论课教学的保证作用，从而促进思想政治理论课教学目标实施计划的顺利进行和健康发展。

第二，看思想政治理论课教学本身是否充满活力、富有吸引力，能否解决受教育者中出现的各种思想问题。

第三，看思想政治理论课教学的实际效果是否得到加强，思想政治理论课教学是否具有开拓精神和战斗力。

第四，看受教育者思想情绪是否理顺，学风是否端正，事业心、责任心有无增强，思想觉悟是否提高。

这四个方面，既包括了思想政治理论课教学的物质效果，也包括了思想政治理论课教学的精神效果。两者相辅相成，缺一不可。在评价时，不能只偏重对某一种效果的检查，而忽略了另一种效果，否则将会影响到思想政治理论课教学目标的实施，甚至无法实现既定目标。

4. 公平指标

公平关心的主要问题在于"接受服务的团体或个人能否都受到公平的待遇，需要特别照顾的弱势团体能否享受到更多的服务"。对思想政治理论课教学而言，公平性是贯彻执行绩效评价体系的前提，是衡量绩效评价有效性的重要指标。"公平"是指处理事情合情合理，不偏袒任何一方。公平具有相对性、主观性、扩散性和行为倾向性等特点。从个体角度看，公平涉及每个人的当前、长远的物

---

[1] 姜大源. 职业教育学研究新论 [M]. 北京：教育科学出版社，2007：24.
[2] 范唯，马树超. 切实解决提升高职教育教学质量的关键问题 [J]. 中国高等教育，2006 (24)：31.

质和精神利益；从人际互动的角度看，公平涉及人的尊严、地位及相互关系；从组织管理的角度看，公平涉及上下级关系、群体氛围、团队凝聚力、组织绩效以及可持续发展等问题；从社会发展的角度看，公平与社会稳定和进步有着密切的联系。而"弱势群体"这一概念出现于近些年我国高校实行收费上学制度以后。高校扩招后，弱势学生数量更是直线上升。目前，高校"弱势群体"有以下两个鲜明的特点：

第一，多样化。有些学生家庭经济困难，有些学生学习成绩欠佳，还有些因思想、心理、生理、情感等诸多问题形成的数量庞大的隐性弱势学生群体。

第二，极端化。如有些学生家庭经济状况较差，不仅交不了学费，连基本生活费都无着落；有的学生存在严重的心理问题，最终做出极端行为。

因此，从公平指标来说，思想政治理论课教学绩效评价须重点考核两个方面：一方面，考核思想政治理论课教学的服务意识。思想政治理论课教学要强化服务，认识到"教育即服务"，要以人为本，服务于弱势学生群体的成长成才。另一方面，考核思想政治理论课教学在弱势学生群体转化中所发挥的作用。思想政治理论课教学要激活弱势学生群体学生自身的精神动力，充分发挥他们的主观能动性，强化他们的自我发展意识，并结合外部的支持、关心来克服其"弱势"状态，充分发挥思想政治工作教、管结合的优势，"对症下药"，争取事半功倍。

三、加强高校思想政治理论课教学绩效考核的途径

（一）建设积极的组织氛围

高校思想政治理论课教学绩效考核的组织氛围是组织内部一种普遍的"气氛"，会对每位思想政治理论课教师的工作态度、工作效率产生潜移默化的影响，是深刻影响各种行为的社会心理环境。高校思想政治理论课教学绩效考核的组织氛围应处理好以下两点：

1. 管理者要善于调节组织内的气氛

思想政治理论课教学绩效考核的管理者应通过组织形式多样的集体活动，使整个组织充满轻松的气氛，造就一个学校关心思想政治理论课教师，思想政治理论课教师热爱学生，学生尊敬思想政治理论课教师，思想政治理论课教师支持学校的融洽环境。

2. 明确工作岗位的分工

通过对思想政治理论课教师岗位工作的分析，把每个岗位的工作职责、任务、工作流程、完成工作标准、任职资格等进行描述，形成思想政治理论课教师工作岗位职责。让管理者明白每一个岗位都在做什么、怎样做，让思想政治理论课教师明白自己应该努力的工作方向，从而形成一种良性工作互动关系。只有明

确的分工才能有良好的合作，才能避免互相推诿、推卸责任等影响组织氛围的情况发生。

（二）确定合理的考核期望值

期望值理论的基础是：人之所以能够从事某项工作并达成目标，是因为这些工作和组织目标会帮助他们达成自己的目标，满足自己某方面的需要。在高校思想政治理论课绩效考核中，学校关心的是思想政治理论课教学绩效，思想政治理论课教师关心的是自身利益，两者之间往往是有差距甚至是有鸿沟的，这就需要努力找到一个使双方都满意的结合点，确定一个双方都认可的期望值。确定合理的高校思想政治理论课教学绩效考核期望值，应处理好以下三种关系：

1. 努力与目标的关系

让思想政治理论课教师主观认识到工作目标是可以实现的，从而激发出其内在潜能，使其有强烈的信心，相信通过一定的努力能够达到预期的工作目标。

2. 绩效与奖励的关系

使思想政治理论课教师取得成绩后能够得到奖励，这个奖励是综合的，既包括物质上的，也包括精神上的。

3. 奖励与满足个人需要的关系

由于人们在年龄、性别、资历、社会地位和经济条件等方面都存在差异，他们对各种需要要求得到满足的程度也不同，所以要使思想政治理论课教师所获得的奖励能满足个人不同的需要。

（三）形成有效的考核领导力

高校思想政治理论课教学绩效考核领导力就是绩效考核领导者激励思想政治理论课教师自愿地在组织中做出卓越成就的能力，是考核领导者与组织为了思想政治理论课教学绩效考核目标而形成良性互动的合力，是考核领导者在其领导思想政治理论课教学绩效考核过程中形成、发展并服务于其领导过程的能力的总称。形成有效的高校思想政治理论课教学绩效考核领导力应注意以下三个方面：

1. 明确思想政治理论课教学绩效考核的目的

思想政治理论课教学绩效考核目标是通过评估思想政治理论课教师的绩效及团队、组织的绩效，并通过对考核结果的反馈和分析绩效差距来实现思想政治理论课教师工作绩效的提升，进而改善思想政治理论课教学绩效。考核领导要帮助思想政治理论课教师认识到考核不是简单的奖励或惩罚，而是帮助组织和思想政治理论课教师进步。

2. 强化思想政治理论课教学绩效考核领导的职责

考核领导不能仅仅将思想政治理论课教学绩效考核工作交给"考核专家"

或组织人事部门去做，而要把考核看做是自己职责以内的事情。

3. 充分发扬组织民主

正确规范个人与组织、下级与上级、领导与群众、纪律与自由、权力与监督的关系，保持并不断增强组织的活力。

（四）建立有效考核沟通

高校思想政治理论课教学绩效考核沟通是指考核者与思想政治理论课教师就绩效考评反映出的问题以及考核机制本身存在的问题展开实质性的面谈，并着力于寻求应对之策，服务于后一阶段组织与思想政治理论课教师绩效改善和提高的一种管理方法。建立有效思想政治理论课教师绩效考核沟通，应做到以下三点：

1. 双向互动

在设定思想政治理论课教学绩效目标的过程中，通过双向互动的绩效沟通形成的思想政治理论课教学绩效目标能使思想政治理论课教师对目标有更加全面具体的了解和认可，并最大限度增加思想政治理论课教师的工作热情。

2. 多向沟通

在执行思想政治理论课教学绩效目标过程中，通过思想政治理论课教师与管理者，以及思想政治理论课教师之间的多向沟通，使管理者掌握思想政治理论课教师的目标完成状况，协助思想政治理论课教师解决工作中存在的问题，避免一些问题的产生和扩大。

3. 深度沟通

在得到思想政治理论课教学绩效考核结果后，通过深度沟通能使思想政治理论课教师认识到其对提升组织整体业绩及个人职业生涯发展的作用，消除对绩效考核的错误认识和抵触心理，让思想政治理论课教师对考核结果有个更加客观理性的认识，从而找出自己的差距和不足，以在今后的工作中得到改进和提高。

第八章

教学竞赛

  从国家到省市，到各高校，每年都会举办各类教学竞赛，思想政治理论课师生不仅可以参加全国职业院校教学能力大赛等综合类教学竞赛，而且还可参加思想政治理论课专项竞赛，如教育部高等学校思想政治理论课教学指导委员会组织的2017年全国高校思想政治理论课教学展示活动竞赛，湖南省教育厅组织的湖南省大学生学习贯彻习近平新时代中国特色社会主义思想暨第四届大学生思想政治理论课研究性学习成果展示竞赛等等。围绕教学竞赛，当前思想政治教育界对教学竞赛的价值存在不同的看法，但瑕不掩瑜，教学竞赛在改变高校重科研轻教学的现象、增强教师教学能力、为师生提供人生出彩的平台、增强教学交流、提升学生综合素质等方面，发挥着积极作用。

一、理性看竞赛

(一) 对教学竞赛的争议

1. 争议一：教学竞赛是表演课

  教师竞赛成绩已成为高校办学实力的标志之一，因而当前相当一部分高校对教学竞赛实行较为优厚的奖励政策，按照获奖的级别，奖金少则数千元，多则数万元。与此同时，教师竞赛成绩纳入教师职称评定指标中，作为教师职称评定的一个重要组成部分。在物质奖励和精神表彰的双重激励下，高校思想政治理论课教师对教学竞赛高度重视。但是为了获得理想的教学竞赛成绩，部分教师不可避免地会急功近利，采用偏离教学规律的方式。例如，为了上好竞赛课，达到看上去非常理想的教学效果，在竞赛前，教师会像拍影视剧一样，从教师的讲解和设问、学生的讨论和回答等方面，将教学设计精确到每一句话、每一个细节，甚至学生的着装等环节全部安排好。为增强逼真的现场教学感，教师会组织学生进行多次排练，并挑选其中心理素质好、口齿清晰的学生作为课堂发言代表。教学竞赛时，教师严格按照反复演练的剧本，什么时间提问，谁来回答，一环接一环地进行下去，不会出现纰漏，从而在评委面前展现理想的教学效果。这种精益求精、过度包装的竞赛课，将教学变为一种表演，将学生变为教师表演的陪衬，严重背离了思想政治理论课教学规律。因而,教学竞赛在一定程度上背负着表演课的名声。

2. 争议二:教学竞赛对学生德育产生负面影响

随着社会进步、经济发展,诚信对国家、企业、个人越来越重要,但不能回避的社会现实是诚信缺失已成为我国经济社会发展中的一个亟待解决的问题。据报道,我国年签订合同大约为40多亿份,可履约率只有50%左右,近年来因诚信缺失造成的经济损失达6 000亿元左右。"言必信,行必果",诚信是社会主义核心价值观的核心内容,对学生进行诚信教育已成为高校思想政治教育的基本要求。近代著名教育家陶行知先生有一个著名的理念:"千教万教教人求真,千学万学学做真人。"就目前我国社会而言,"教人求真"有着强烈的现实意义。高校教育归根结底要培养什么样的人?立德树人是教育的根本任务,思想政治理论课使命光荣,任务艰巨。但部分教师为获得理想的竞赛成绩,在虚假的课堂教学环境中,将教学异化为一种弄虚作假,从本质上来讲是受功利主义影响而产生的一种失信行为。部分教师通过弄虚作假获得奖励,甚至获得教学名师等称号,不仅不利于教师队伍建设,而且必然会影响深入参与表演课的学生。身教重于言教,这是思想政治理论教育教学的一个重要规律,教师的失信行为会让学生的价值观产生混乱,有的学生可能会上行下效,为达目的可以无视诚信,有的学生可能会对老师产生失望情绪,让教师丧失教学威信。所以,对学生德育产生负面影响成为诟病教学竞赛的一个重要原因。

(二)教学竞赛的积极作用

1. 改变高校院校重科研轻教学的现象

受高校评估的价值导向因素和高校评价教师的考核指标,重科研轻教学现象普遍存在。高校要尽快提升其知名度和影响力,"短、平、快"的科研成果无疑成了最佳选择,而难以量化并且见效慢的课堂教学往往被摆在次要位置,"传道授业解惑"的大学职能日益弱化。特别是科研成为将教师职称晋升的核心指标,教师不得不将主要的精力和时间投入科研之中。以某高职院校高级职称评审实施细则为例,SCI和SSCI一区收录论文与在《中国社会科学》上发表的论文每篇计15分,省(部)级课题第1名计10分,授权国家发明专利、已颁布的国家标准的第1名计8分,但课堂教学评价获优每学期计0.5分。如此,对于高校思想政治理论课教师,在科研方面的思想政治教育教学理论研究原本应该是厚积薄发,但为了快速出成果,一味追求论文数量、发表论文刊物级别等等,产生了大量的学术垃圾,助长急功近利、浮躁的风气,甚至引发论文代写代发、剽窃等学术腐败。在职称评审标准这个指挥棒下,极大地削弱了教学与人才培养的重要地位,这在很大程度上对高校思想政治理论课的教学质量产生了消极影响,导致高校的畸形发展。对于高校教育而言,教学和科研一样重要,一个都不能少。高校轻教学的一个重要原因是教师的教学能力、教学效果难以在短时间内进行量化。因此，建立完善的课堂教学评价体系，是解决高校重科研轻教学现象的基础。经过多年的发展，教学竞赛已经形成了较为完备的评价体系，能够相对客观地评价教师的教学能力、教学效果。将教学竞赛作为课堂教学评价体系的主要指标，可以引导广大教师专注教学一线，专注教学研究，不断提升课堂教学质量。

2. 增强青年教师教学能力

随着高等职业教育的快速发展，高校学生人数的扩招，思想政治理论课教师队伍也不断扩大，大批青年教师成为高校思想政治理论课教师队伍中的一员。这些青年教师专业基础扎实，易于接受信息化技术等新事物，学习接受能力强，能与大学生迅速融合。虽然青年教师对教学充满热情和干劲，也愿意付出努力，但是他们大多毕业于非师范院校，没有接受过系统的教学理论和实践训练，而且因为高校思想政治理论课师资力量紧张，青年教师进校后即承担较为繁重的教学工作量，疲于应付完成教学任务，造成青年教师的教学能力难以适应教学的需要。[①] 因此，要提高思想政治理论课教学质量，必须大力提升青年教师的教学能力。教学竞赛为青年教师提供了一个提高教学能力和教学水平的有效载体，是全面展现、提高能力的最有效的形式。

首先，教学竞赛可以引导青年教师深入思考教学。由于教学竞赛的竞争性，必将引起青年教师的高度重视，激发他们的教学潜能，围绕自己所教的课程，深入思考，不断优化教学设计，以期在教学竞赛中展现出自己的最高教学水平。

其次，教学竞赛可以让青年教师得到各方面的指导。一方面，思想政治理论课教师同行特别是教学经验丰富的老教师可以从教学内容的选取、教学方法的运用、课堂管理能力、语言表达技巧、信息化技术运用等各个方面提出具体的修改建议，让青年教师明白教学艺术的博大精深；另一方面，教学竞赛评委往往是思想政治理论课教学领域的专家学者，他们能够敏锐地发现青年教师教学能力方面的优势与不足。教学竞赛评委精准的点评会帮助青年教师进行教学反思，正确指导和引导青年教师建立科学的教学理念和培养高水平的教学能力。

3. 增强教学交流

高校思想政治理论课是一门与时俱进的课程，这对任何一位教师都是一种挑战。苏霍姆林斯基提出："任何一个教师都不可能是一切优点的全面的体现者，每一位教师都有他的优点，有别人所不具备的长处，能够在精神生活的某一个领域里比别人更突出、更完善地表现自己。这一点正是每一位教师对于教育学生的复杂过程所做的个人的贡献。但是，与此同时，每一位教师都应当是一个统一的

---

① 赵菊珊，马建离. 高校青年教师教学能力培养与教学竞赛 [J]. 中国大学教育，2008 (1)：58 - 61.

整体（智力的、道德的、审美的、身体的、心理的、情感的、文明的源泉）的一部分。"正如"三个臭皮匠赛过诸葛亮"，要想真正上好思想政治理论课，思想政治理论课教师需要进行教学交流，互相学习，取长补短。但是令人遗憾的是，当前思想政治理论课教师往往自负其责，处于单打独斗的状态，即使有校内的集体备课、校际的考察学习，但大都是形式大于内容，教学交流的效果差强人意。古人云："独学而无友，则孤陋寡闻。"教学竞赛是打破教师之间彼此孤立与封闭现象的有效途径。一方面，面对竞赛，为创作更优秀的参赛作品，校内教师会大力提供相关支持，集思广益，坦诚地交流看法和意见，在讨论交流中相互启发，这必将促进校内教师之间的交流，达到教师团队共同提高的效果；另一方面，为了获得更好的竞赛成绩，来自不同院校的教师必然毫无保留地展示精心设计的教学竞赛作品，教学竞赛将成为不同教学理念碰撞、不同教学方法交流的一个展示平台，让不同院校的教师改变固化教学思维的束缚，开阔眼界，从而实现一种深度教学交流。

4. 提升学生综合素质

随着社会经济的快速发展，人民生活水平的提高，当前的大学生普遍是在父母呵护下成长起来的，没有经历太多的挫折与打击，他们内心比较敏感，心理承受能力差，习惯于以自我为中心，团队协作能力较差，学习基础薄弱，对思想政治理论学习缺乏兴趣，学习能力不足。总的来说，大学生的综合素质有很大的提升空间。居里夫人认为，信心是人们成长与成才不可缺少的一种重要心理品质。只有在其良好的心理能力的配合下，才能充分发挥出应有的水平。经过竞赛准备过程中长期的高强度训练，尤其是经历了正式竞赛那种强大的心理压力，大学生的心理素质会有显著的增强，帮助他们树立自信心，从而让学生形成自立自强的心态，促进心理成长。一个人一旦树立了自信心，就对未来充满憧憬和希望，深入挖掘自身潜能，不断追求更高的奋斗目标。"一个篱笆三个桩，一个好汉三个帮"，相当一部分竞赛是以团队形式参加，这就要求团队成员必须齐心协力，互相促进，互相补短，在潜移默化中形成默契配合，发挥集体智慧形成的成果往往能超过成员个人的成果，从而让他们切实感受团队协作的力量，培养他们良好的团队协作精神。此外，在老师的悉心指导下，参加竞赛的大学生可以将所学的思想政治理论知识更加系统化，更加理论结合实际，这对提升学生的学习效果是非常明显的。

5. 为师生提供人生出彩的平台

根据相关调查显示，由于学习基础、家庭条件、生理素质等方面的差异，高职院校部分学生存在不同程度的自卑心理，他们会对自身价值产生否定，认为自己低人一等，感觉前途渺茫，这种自卑情绪会严重影响到学生的心理状态，进而直接体现在他们的学习态度和生活作风上。例如，部分学生在课堂上一旦无法跟上教师的节奏，不但会全盘否定自己的学习能力，认为自己一无是处，没有任何价值，从而沉迷于手机网络世界，而且会影响他们的生活作风，从早睡早起变成晚睡晚起，甚至因为早上起不了床而出现旷课现象。其实，每个高职学生都有着与众不同的特长与技能，只是没有合适的展现的舞台。有的学生对直播、弹幕等日新月异的信息化技术特别感兴趣，能通过自主钻研而熟练地掌握、运用这些技术；有的学生擅长演讲，他们思路清晰，情感丰富，表达能力强；有的学生喜欢关注时事新闻，具有快速的网络信息搜索能力；有的学生对图片、色彩比较敏感，能制作出精美的课件。各类教学竞赛能够提供大学生发现自身所长的机会，不管竞赛获得怎样的成绩，都能让他们感受到能力的快速提升，体验到学习收获的喜悦，逐步恢复自信，帮助他们找到自己的价值。

与此同时，高校思想政治理论课教师普遍面临着职业倦怠的困惑。究其原因，首先，高校思想政治理论课教师的社会地位不高，让教师曾经的优越感荡然无存，缺乏职业使命感、自豪感。其次，高校思想政治理论课师资比较紧张，并非外界想象的那样轻松自在，他们工作量大，既要进行课堂教学，又要担任班主任，还要进行教研科研，以及各种临时性工作，日复一日，长期高负荷的日常性工作让教师身心疲惫。再次，高校思想政治理论课教师所面临的教学对象，即相当一部分大学生对思想政治理论课缺乏学习兴趣、学习动力不足，课堂教学达不到理想的效果，在教学中难以找到教学相长的成就感，反而是一种深深的失落感。精神上和身体上的双重压力，让高校思想政治理论课教师不可避免地产生职业倦怠，他们迫切需要从精神上解决职业倦怠问题。教学竞赛可以唤醒教师的教学激情，引导他们深入进行教学研究；可以让高校教师在教学竞赛中重新评价学生，改进师生关系；可以在竞赛中通过解决一个又一个问题，获得精神上的愉悦。教学竞赛可谓是解决高校教师职业倦怠的一味精神良剂。

二、组建教学竞赛团队

（一）教学竞赛团队要有热情

苏霍姆林斯基之所以能从一名默默无闻的乡村教师成长为一名闻名世界的伟大教育家，其中一个重要的原因是他对教育充满热情。对教育的热情使他数十年如一日，埋头苦干，深入进行教育探索与实践，从而形成了一套卓有成效的教育理论。热情是教师从事教学最原始的动力，《中国百科全书》中是这样解释热情的：热情是指人参与活动或对待别人所表现出来的热烈、积极、主动、友好的情感或态度。教学热情就是教师对教学所产生的一种发自内心、稳定而深厚的热爱，是由内而外的一种精神力量。教学竞赛既需要教师的厚积薄发，又需要教师的奇思妙想,这决定了教学竞赛的准备过程不仅时间漫长而且工作强度大。没有热情就不可能有真正的教学,教学竞赛团队每一位成员都应具有高涨的教学竞赛热情。对教学竞赛的热情一旦形成,就会促使教学竞赛团队成员的思想和行为统一起来,将精力和时间集中于教学竞赛,聚精会神地进行教学竞赛准备,避免外界的干扰;激发团队成员的潜能,挖掘出每一位团队成员的聪明才智,形成集体的智慧结晶;给团队成员以极大的鼓舞,帮助团队成员以充沛的精力和饱满的激情克服教学竞赛工作的各种艰辛。

(二) 教学竞赛团队要能团队协作

随着教学理论的推陈出新、教学手段的与时俱进,对思想政治理论课师生竞赛能力提出了越来越高的要求:要能够将多元智能理论、建构主义等理论合理地融入教学竞赛中,用科学的理论指导教学竞赛;要能敏锐地把握当前的热点焦点,做到理论结合实际;要能深入钻研教材,准确把握教材内容,明确教学目标、重点及难点,选择合适的教学策略与方法;要能进行课堂教学组织,有效进行课堂管理;要能掌握最新的信息化技术基础知识,检索网络资源,制作精美课件,并能将直播、弹幕等手段融入教学之中。因此,教学竞赛团队成员需要进行科学的搭配,实现最优组合。没有完美的个人,只有完美的团队,团队协作是战胜一切重大困难的基本能力,唯有团队协作才能在教学竞赛中取得优异的成绩。单打独斗、各自为战的时代已经过去,建立一个协作的团队,就等于拥有了成功。团队协作的立足点是尊重个人,重点是协同合作,最高境界是心灵的碰撞、思维的交流。在平等、自由、活跃的团队协作氛围中,容易产生一种思想催化剂,有时团队成员的一个充满个性的见解会让问题迎刃而解,有时团队成员简单的几句话会让人产生"山重水复疑无路,柳暗花明又一村"的感觉,有时团队成员之间激烈的争论会让"真理越辩越明"。正是这种团队协作,能够帮助团队成员克服认识上的不足和自身的局限,更加深刻地认识教学竞赛中遇到的问题,充分发挥团队成员的合力,大大提高工作效率,完善教学竞赛方案。如果团队中每位成员都能发挥自己的特长,便能实现优势互补,正所谓"团结就是力量"。

三、思想政治理论课教学竞赛实例

不同的教学竞赛会有不同的竞赛规则,准确把握竞赛规则对于教学竞赛而言至关重要。虽然各类竞赛都会提供一个系统化的评分标准,表面看起来明确而具体,但如何将这些指标结合思想政治理论课程进行教学设计,却是摆在教学竞赛团队面前的一大考验。我们将以湖南省职业院校信息化大赛、全国高校思想政治理论课教学展示活动等竞赛为例,探讨如何把握竞赛规则,撰写教学设计。

（一）湖南省职业院校信息化大赛实例

1. 信息化课堂教学比赛评分指标

评比指标	分值	评比要素
教学设计	25	1. 教学目标明确、有据，教学内容安排合理，符合技术技能人才培养要求； 2. 教学策略得当，符合职业院校学生认知规律和教学实际； 3. 合理选用信息技术、数字资源和信息化教学设施，系统优化教学过程； 4. 教案完整、规范，内容科学
教学实施	45	1. 按照提交的教案组织课堂教学，教学过程与活动安排必要、合理，衔接自然； 2. 教学组织与方法得当，教学活动学生参与面广，突出学生主体地位，体现"做中学、做中教"； 3. 信息技术与数字资源运用充分、有效，教学内容呈现恰当，满足学生学习需求； 4. 教学互动流畅、合理，针对学习反馈及时调整教学策略； 5. 教师教学态度认真严谨、仪表端庄、语言规范、表达流畅、亲和力强
教学效果	15	1. 有效达成教学目标，运用信息技术解决教学重难点问题或完成教学任务的作用突出，效果明显； 2. 课堂教学真实有效、气氛好，切实提高学生学习兴趣和学习能力
特色创新	15	1. 理念先进，立意新颖，构思独特，技术领先； 2. 课堂教学效率高，成效好，特色鲜明，具有较强的示范性

2. 信息化课堂教学比赛教学设计

实现中华民族伟大复兴的中国梦

教学目标

1. 知识目标：了解中国梦的提出，理解中国梦的思想内涵，知道中国梦的实现途径。
2. 能力目标：使学生能运用中国梦理论树立正确的人生目标。
3. 素质目标：增强学生实现中华民族伟大复兴的历史使命感。

教学重点：中国梦的思想内涵

教学难点：中国梦的思想内涵

主要教学方法：网络空间研讨法

一、新课导入

播放图片：2012 中国年度汉字

各位同学，今天学习的主题是实现中华民族伟大复兴的中国梦。2012 年 11 月 29 日，中共中央总书记习近平参观"复兴之路"展览时，首次就中国梦展开论述。从此，中国梦成为大家关注的一个热点词语，梦这个字成为 2012 中国年度汉字。与此同时，许多同学与我交流的时候常常说："老师，中国梦到底是在讲什么？"我想很多同学也存在类似的问题，所以今天我们一起来研讨、学习中国梦。

二、实现中华民族伟大复兴的中国梦

任务一：头脑风暴，共同研讨

首先请同学们完成课前任务：预习"实现中华民族伟大复兴的中国梦"这一内容，以小组为单位，在网络研讨空间发布预习时我们感兴趣或不懂的问题。现在，我们一起来看看同学们提出的问题。

1. 中国梦的提出

第一组问题：中国梦，我的梦。小时候你的梦想是什么？现在你的梦想是什么？

网络空间研讨：请同学们在网络研讨空间参与现场调查，回答第一组提出的问题。

第一小组：你们认为谁的答案最让你们满意？

教师点评：小时候的梦想往往比较天真，现在我们正走向成熟，现在的梦想和小时候的梦想相比，更实际、更合理。同时我们要认识到，"中国梦"揭示了中华民族的历史命运和当代中国的发展走向，指明了中国特色社会主义更长远的奋斗目标。所以，同学们，青春是用来奋斗的，而不是用来挥霍的。

2. 中国梦的思想内涵

第二组问题：中国梦的核心内容对我们而言比较抽象，能具体一点吗？

课堂讨论：请结合生活实际谈谈对中国梦内涵的理解。

（1）国家富强

拓展资料：中国历史曾经的辉煌

早自秦汉就进入盛世，曾以世界上头号富强大国"独领风骚"达 1 500 年之久。

经济：从秦汉直到晚清，中国的经济规模一直是世界第一。

科技：16 世纪以前，影响人类生活的重大科技发明约有 300 多项，其中 175 项是中国人的发明。唐宋时期的科技发明占到全世界的 70% 多。

拓展资料：2010年中国超过日本，成为全球第二大经济体

最近10年，中国经济总量在世界上的排名大跨步前进。2005年，超过意大利，成为世界第六大经济体。2006年，超过英国，成为世界第四大经济体。2007年，超过德国，成为全球第三大经济体。2010年，超过日本，成为全球第二大经济体。

（2）民族振兴

民族振兴，就是通过自身的不断发展与强大，继承并创造中华民族的优秀文化以及先进的文明成果，并将其传递给全世界，从而影响世界、改变世界，进而使中华民族再次处于世界领先的地位，再次以高昂的姿态屹立于世界民族之林。

我们比历史上任何时期都更接近于中华民族伟大复兴的目标，比历史上任何时期都更有信心、更有能力实现更为远大的目标。

任务二：请到网络研讨空间完成"你幸福吗"的研讨。

从中国梦来讲，人民幸福，就是人民权利保障更加充分、人人得享共同发展，生活在伟大祖国和伟大时代的中国人民，共同享有人生出彩的机会，共同享有梦想成真的机会，共同享有同祖国和时代一起成长与进步的机会。

拓展资料：幸福课

不同的人对幸福的理解不一样。2006年，美国哈佛大学，一个叫泰勒·本沙哈尔的教师，推出一个名为《幸福课》的课程，很快风靡哈佛，成为哈佛史上最受欢迎的课程。泰勒·本沙哈尔博士提出六点建议：第一接受自己（无论优点还是缺点），第二快乐需要意义，第三头脑说了算（快乐与否在大多数情况下取决于人们的主观意识），第四越简单越好，第五身体也重要，第六感激要说出来。

（3）人民幸福

播放视频：你幸福吗

2012年10月，央视以"你幸福吗"为主题在全国各地街头采访普通百姓，在《新闻联播》中播出后成为热门话题，但也遭遇褒贬两极评价。

拓展资料：马斯洛需求层次理论

我们也可以从人的需求来研究幸福，马斯洛需求层次理论是行为科学理论将人类需求像阶梯一样从低到高按层次分为五种，分别是：生理需求、安全需求、社交需求、尊重需求和自我实现需求。

连连看

国家富强、民族振兴是人民幸福的根本出发点和落脚点

人民幸福是国家富强、民族振兴的基础和保障

3. 中国梦的实现途径

第三组问题：实现中国梦，我们能做些什么？

网络空间研讨：中国梦，我们能做些什么？

第三小组：你们认为谁的答案最让你们满意？

播放视频：央视公益广告 中国梦 圆梦篇

教师小结：

(1) 实现中国梦必须走中国道路

我们一定要增强对中国特色社会主义的理论自信、道路自信、制度自信，坚定不移沿着正确的中国道路奋勇前进。

(2) 必须弘扬中国精神

这就是以爱国主义为核心的民族精神，以改革创新为核心的时代精神。

(3) 必须凝聚中国力量

这就是中国各族人民大团结的力量。

三、在线知识竞赛

比一比：谁对中国梦知道得更多？

任务三：请在网络研讨空间完成"中国梦知识竞赛"，并将自己的得分以跟帖的方式发布在任务一下面。

四、教师总结

敢于有梦，勇于追梦，勤于圆梦。

五、布置作业

复习本次课所学内容。

（二）湖南省首届高校"形势与政策"课教学展示活动实例

1. 湖南省首届高校"形势与政策"课教学展示活动竞赛要求

参加教学展示活动的教师，须依据教育部高等学校思想政治理论课教学指导委员会印发的《2016年下半年高校"形势与政策"教育教学要点》《高校思想政治理论课贯彻落实习近平总书记"七一"重要讲话精神的教学建议》，从以下规定的授课范围中选择一个主题，设计讲授15分钟以内的课程。

(1) 习近平总书记"七一"重要讲话精神。
(2) 结合长征胜利80周年宣讲红军长征胜利的伟大意义和宝贵经验。
(3) 推进供给侧结构性改革的重大意义及成效。
(4) 成功举办G20杭州峰会对于中国和世界的深远意义。
(5) 南海问题的由来、实质及应对之策。

2. 湖南省首届高校"形势与政策"课教学展示活动作品

继承长征精神，争做大国工匠

教学重点：继承长征精神

教学难点：如何实事求是地树立职业理想

教学导入（时间：2分钟）

课堂提问：今年是长征胜利80周年，我们应如何纪念？

播放图片：索尔兹伯里《长征：前所未闻的故事》

20世纪80年代，美国著名记者索尔兹伯里在76岁高龄怀揣心脏起搏器重走长征路，跋涉20 000里，历时74天，写下《长征：前所未闻的故事》。他说："阅读长征的故事将使人们再次认识到，人类的精神一旦唤起，其威力是无穷无尽的。"

习近平：红军长征胜利，充分展现了革命理想的伟大精神力量。

教师讲授：纪念长征最好的方式就是继承长征精神，今天我们将结合中国实际、高职学生自身实际谈谈如何继承长征精神。

一、永不言败（时间：4分钟）

课堂提问：至今为止你遇到的最大困难是什么？我们应如何面对？

播放图片：高职生三座大山：高考失败、学历之痛、就业压力

一位高职学生的叹息："高考失败了，将来的路不想继续失败，如果不再提起的话，可能会暂时忘记，但心里还是会暗示自己。""我们的路为什么如此狭窄？"

教师讲授：被高考失败的阴影所纠缠，学习缺少动力，人生没有目标，不能适应新环境，对专业产生失望情绪等问题在我们身上都存在，只是程度不一。如何面对？我们可以对比红军长征遇到的困难进行思考。

播放视频：金色鱼钩

教师讲授：通过这个视频，我们可以看到，长征队伍是年轻人的队伍，战斗员平均年龄不到20岁。与我们同龄的红军战士，战胜了哪些困难呢？

长征中红军平均每天行军71华里，大约要走71 000步，这是一个相当艰巨的任务。红军不仅每天走完这71 000步，而且还战胜了3天一次的生死考验、雪山和草地自然天险等重重困难。

《长征》作者王树增说："有人问我《长征》在写什么？我说我写四个字：永不言败。当代中国人在一生中会遇到很多纠结，但只要秉承着'永不言败'这四个字，就会克服人生当中的很多困难。"所以，面对高职生前面的三座大山，我们应继承长征永不言败的精神，像与我们同龄的红军战士一样，从失败走向胜利。我们要认识到：无论是高考失败还是就业失败等等，这只是人生中在某个时期遇到的一次失败，我们还有整个人生。

课堂提问：是什么力量让红军战士经受了难以想象的饥饿、严寒、伤痛、死亡等生存极限的考验，做到"永不言败"呢？

二、坚定的理想信念（时间：3分钟）

播放图片：方志敏

"敌人只能砍下我们的头颅，决不能动摇我们的信仰！因为我们信仰的主义，

乃是宇宙的真理！为着共产主义牺牲，为着苏维埃流血，那是我们十分情愿的啊！"

教师讲授：方志敏不仅这样说了，而且也这样做了，面对敌人的诱降，他正气凛然，坚贞不屈，英勇就义时年仅36岁。从方志敏身上我们深刻感受到红军将士对理想信念的坚守。

播放视频：习近平七一讲话摘录

95年来，共产主义远大理想激励了一代又一代共产党人英勇奋斗，成千上万的烈士为了这个理想献出了宝贵生命。"砍头不要紧，只要主义真""敌人只能砍下我们的头颅，决不能动摇我们的信仰"，这些视死如归、大义凛然的誓言生动表达了共产党人对远大理想的坚贞。理想之光不灭，信念之光不灭。我们一定要铭记烈士们的遗愿，永志不忘他们为之流血牺牲的伟大理想。

教师讲授："有了坚定的理想信念，站位就高了，眼界就宽了，心胸就开阔了。"可见，理想信念对人是多么重要。

课堂提问：作为高职学生，结合国家需要，我们应树立怎样的职业理想？

教师讲授：2014年李克强总理接见参加全国职业教育工作会议代表时指出，让我们享誉全球的中国制造，从合格制造变成优质制造、精品制造。要实现这一目标，需要大批的技能人才作支撑。结合李克强总理的讲话，应该认识到，在实现中华民族伟大复兴的宏图中，我们高职学生可以把个体命运和民族命运联系起来，也会有自己的春天，这就是努力成为基础制造业优质技术人才——大国工匠。

如何成为大国工匠？我们还是可以借鉴长征精神。

三、实事求是（时间：3分钟）

播放图片：遵义会议

课堂提问：遵义会议为什么能成为一个生死攸关的转折点？

教师讲授：遵义会议上，毛泽东一针见血地指出：第五次反"围剿"失败，还是我们在军事路线上出了毛病，这毛病主要是不承认中国的革命战争有自己的特点，不承认中国军队必须有自己一套独特的战略战术。红军要走出危机，就必须在什么山唱什么歌，有什么条件打什么仗。历史已经证明，实事求是是长征留给我党我军最宝贵的精神财富之一。

课堂提问：如何继承实事求是的精神，成为大国工匠？

播放视频：大国工匠——高铁研磨师宁允展

教师讲授：宁允展坚守生产一线24年，他说的多好啊，"工匠就是凭实力干活，实事求是，想方设法把手里的活干好，这是本分。"我们要向宁允展学习，将实事求是的精神运用到我们的专业学习中，将平凡的事做得不平凡。

教学小结（时间：1分钟）

最后，我想引用习总书记的一句话对本次课进行总结，这就是"长征永远在路上，我们这一代人要走好我们这一代人的长征路。"希望同学们能像与我们同龄的红军战士一样，面对困难，永不言败，坚定理想信念，实事求是，走好自己的长征路。

（三）全国高校思想政治理论课教学展示活动实例

1. 全国高校思想政治理论课教学展示活动要求

思政课教学科研二级机构要把指导帮助教师录制教学展示视频与开展暑期集体备课有机结合，力争推出一批导向正确、内容丰富、形式新颖、制作精良、易于传播的网络示范课程，达到个人展示融合团队智慧，集体攻关提高教学水平的活动效果。

教学展示视频拍摄技术要求：建议由专业团队进行视频拍摄及后期制作；教师应与拍摄团队充分沟通，精心设计拍摄脚本与拍摄场景，在语言表达、体语运用、形象服饰、拍摄流程等方面充分配合团队要求；拍摄团队应采用多机位拍摄，合理安排镜头切换节奏，保证教师授课内容完整、师生互动过程紧凑，形成动静结合、主次分明、衔接流畅、观感优美的视觉效果。

视频文件规格要求：视频格式为H.264 + AAC编码的MP4文件，视频分辨率为1280×720或者1920×1080。

2. 全国高校思想政治理论课教学展示活动作品

精准扶贫与全面建成小康社会

同学们好，今天我们学习的主题是《精准扶贫与全面建成小康社会》。

首先请各学习小组展示课前任务：我眼中的贫困。

课前任务：我眼中的贫困。

要求：结合我国实际，谈谈你对贫困的认识，要求运用微博体以图文并茂的方式展示。

各组代表展示

针对课前任务，各小组都通过网络查阅了不少资料，从多个角度，用原创的语言展示了我们对贫困的思考，让我也受到了深深的震撼，值得表扬。但同学们对贫困的认识普遍还停留在感性认识层面，为了让大家更理性地认识我国贫困现状，接下来，请同学们用手机登录到学习空间，一起来完成在线调查一。

问题1、父母给你一个月的生活费是多少？

问题2、一个月最低生活费，你可以接受的是多少？

问题3、如果你一个月的生活费低于246元，行吗？

我们一起来看一下数据统计。

2011年中央决定将农民人均纯收入2 300元（2010年不变价）作为新的国家扶贫标准。扶贫标准并不是一成不变的，国家每年都会根据物价指数等因素相应调整。2016年国家扶贫标准为2 952元，平均每月246元。而现在处于这条贫困线之下，我国还有4 000万左右的贫困人口。量化的数字对比，可以让我们对现实生活的贫困有更加理性的认识。"1年最多吃3顿肉""家徒四壁""贫困的孩子输在人生起跑线上"等等，当我们看见这样的情景就不会觉得是"奇闻"。

面对贫困，扶不扶？为什么？请同学们完成在线讨论一。

大家都发表了自己的见解，接下来，请同学们阅读其他同学的答案，谁的看法最具有说服力，请为他点赞。

从同学们的讨论中，可以看到大家对扶贫的态度，认为应该扶贫的占多数，但认为不扶贫的同学也有自己的理由。面对贫困，扶还是不扶呢？下面一起来看一位我们非常熟悉的人对扶贫的态度。

播放视频：习近平　我花精力最多的是扶贫

结合这个视频，请同学们思考：为什么习近平总书记花精力最多的工作是扶贫？

"小康不小康，关键在老乡。"这是习近平总书记常说的一句话。我们实现第一个百年奋斗目标、全面建成小康社会，没有农村的小康，特别是没有贫困地区的小康，就没有全面建成小康社会。让农村贫困人口脱贫是最终判断我国是否建成全面小康社会的重要标志。因此，扶不扶是伪命题，如何扶是真问题。

联合国《2015年千年发展目标报告》显示，中国对全球减贫的贡献率超过70%。中国在全球减贫方面起到了火车头的作用。

改革开放之初，中国农村贫困人口高达7.7亿，贫困发生率达97.5%。短短30多年过去，7亿多人摆脱贫困，贫困发生率已降至4.5%，成为全球首个实现联合国千年发展目标、贫困人口减半的国家。

回顾过去，人类历史上从未有过这么快、这么大规模的减贫，中国成为世界上减贫人口最多的国家。展望未来，党和政府对全国人民的庄严承诺，到2020年，中国将全部消除绝对贫困人口，中国人将共同迈入全面小康。

与此同时，我们要清醒地看到，打赢脱贫攻坚战是全面建成小康社会最艰巨的任务。目前，剩下4 000多万的贫困人口，贫困程度较深，减贫成本更高，脱贫难度更大。我国扶贫开发已进入啃硬骨头、攻坚拔寨的冲刺期。

接下来，我们一起来了解一个真实的扶贫案例。

新华每日电讯发表了这样一则报道：争当"贫困户"，4个儿子不认爹。

70 岁的唐某某有 5 个儿子，4 个大点儿的儿子成家后自立门户，幼子多年前外出打工，下落不明。唐某某现在基本已经丧失劳动能力。脱贫攻坚工作开展后，4 个儿子认为其父脱贫是国家的事，是各级干部的事，开始以已分家为由，对唐某某彻底不管不问。迫于无奈，当地只能将唐某某评为贫困户。结果先例一开，附近村子家里有老人的都忙着分家，把老人单独分出去，干部苦于和这种"分家比着来、争当贫困户"的歪风作斗争。

这个扶贫案例中最突出的问题是什么？如何解决？请同学们完成在线讨论二。

大家都发表了自己的见解，接下来，请同学们阅读其他同学的答案，谁的看法最具有说服力，请为他点赞。

这个扶贫案例中，存在的最突出问题是什么？

从这个案例可以看到，我国贫困问题十分复杂，扶持谁？谁来扶？怎么扶？数以万计的贫困人口，都得细细分类，一一对应找到办法，怎么办？2013 年 11 月，习近平总书记在湖南湘西考察扶贫开发工作时，首次提出"精准扶贫"的概念。此后，他在多个场合强调，扶贫开发贵在精准，重在精准，成败之举在于精准。自此"精准扶贫"成为曝光率很高的一个词语，但你知道什么是精准扶贫吗？

请同学们完成在线调查二

播放视频：什么是精准扶贫？

通过观看视频，我们对精准扶贫有了基本了解。精准扶贫的基本要求是"六个精准"，精准扶贫的主要途径是"五个一批"。

在对精准扶贫有了基本了解的基础上，请同学们完成在线讨论三：请结合精准扶贫与自身实际，思考如何参与精准扶贫？

通过课堂学习，我们了解了什么是贫困？为什么要扶贫？如何精准扶贫？但课堂的学习只是基础，我们需要理论结合实际，真正去解决一些扶贫的实际问题。因此，给同学们布置一个特别的课后作业。

诺贝尔经济学奖得主安格斯·迪顿认为，没有国家与积极活跃的公民的有效互动，就很难形成战胜全球贫困所需要的增长。

我国已将每年的 10 月 17 日设为"扶贫日"，不少人将"1017"谐音为"邀您一起"，意在最广泛地动员社会力量投入扶贫工作。

与此同时，也有这样一种说法"时下的年轻人只关心自己半径三米以内的事情"。因此，布置给大家的课后作业是：

以学习小组为单位，选择一个附近的贫困村，以图文并茂的形式，撰写一份乡村精准扶贫调研报告，然后结合微信、微博、直播等网络载体，引导大学生积极参与精准扶贫。

教师教学小结：习近平总书记说："只要有信心，黄土变成金。"我们要相信，只要我们坚定信心、找对路子，坚持苦干实干，2020年全部消除绝对贫困人口，全面建成小康社会就一定能实现。

本次课就上到这里，同学们，再见。

（四）全国高校网络宣传思想教育优秀作品推选展示活动实例

1. 全国高校网络宣传思想教育优秀作品推选展示活动要求

优秀网络文章，是指在网络上发表的解读党和国家的方针政策、研究当前经济社会发展的阶段性特征、阐释师生关心关注的思想理论热点难点问题、厘清错误思潮和观点、普及网络法律法规、倡导网络文明、提升全国高校网络宣传思想教育优秀作品推选展示活动素养等方面的文章，包括学术论文、时政博文、文学作品、精要评论等。

优秀网络文章要观点正确、立场鲜明，体现以理服人、以文化人、以文育人，对广大师生网民有较强的吸引力、感染力，在网络上有较大影响力，有较高的转发、评论和引用量。

2. 全国高校网络宣传思想教育优秀作品

做中国好网民　发中国好声音

2016年4月19日上午，习近平总书记在京主持召开网络安全和信息化工作座谈会并发表重要讲话，强调网络空间是亿万民众共同的精神家园，要营造一个风清气正的网络空间。通过认真学习习近平总书记系列重要讲话精神，结合网络实际，我从"网络需要中国好网民""如何发出中国好声音"两个方面谈谈怎样营造风清气正的网络空间。

一、网络需要中国好网民

我国网民已达到7亿，互联网正在像阳光、空气和水一样渗透进我们的生活，在网上交流、交往、交易成为生活新常态。但网络同时也是一把"双刃剑"，在让人们尽情享受网络便利的同时，也带来了诸多影响社会和谐、安全、稳定的问题。

问题一：网络谣言

"当真理还在穿鞋，谣言已经走遍了天下。"随着微博、微信等新兴媒体的普及与发展，有极少数的人，或怀着不可告人之目的，或唯恐天下不乱，造谣传谣，导致网络谣言满天飞。比如，天津港"8·12"特别重大火灾爆炸事故发生后，一些微博账号、微信公众号编造、散布"方圆一公里无活口""商场超市被抢"等谣言，制造恐慌情绪。

问题二：网络暴力

正如路怒症一样，一些人坐在电脑前，就好像变了一个人似的，戾气十足，动辄谩骂和攻击别人。2013 年，广东一服装店主因怀疑一名高中女生偷窃服装，将监控视频截图发至微博求人肉搜索。很快，这位高中女生的姓名、家庭住址和个人照片均被曝光，网上的辱骂之声不绝于耳。她不堪重负，在连续发出"第一次面对河水不那么惧怕""坐稳了"两条微博后，跳入河中，结束了自己年仅 18 岁的生命。网络暴力虽然发生在互联网上，但它和家庭暴力、校园暴力等其他凌辱一样，带来的是现实中的痛苦和伤害。

问题三：网络低俗

"蜜糖和毒药，在网上都能点击到。"我们上网时都曾遇到过这样的情景：一不留神，色情图片制成的弹窗跃入眼帘。尤其是备受追捧的网络直播平台，部分网络主播用暴露的穿着、暧昧的动作及舞蹈，打色情"擦边球"吸引人气。防不胜防的网络"黄毒"低俗信息，即便是成年人都很难抵制其诱惑，更何况是心智未成熟的青少年？

凡此种种不文明、不道德、不安全的网上行为，让网络成为一个"垃圾集散地""事故发散地"。习近平总书记说："网络空间乌烟瘴气、生态恶化，不符合人民利益。"开创网络的美好空间，需要中国好网民，需要有高度的安全意识、文明的网络素养、守法的行为习惯、必备的防护技能的"四有好网民"。

二、如何发出中国好声音

中国好网民需要发出中国好声音，这样才能把网络谣言、暴力、低俗等污泥浊水清除出去。那么，如何发出好声音呢？

1. 告别沉默，主动发声

阿拉伯有句谚语："对正义沉默，等于为罪恶呼喊。"在别人受到网络谣言、暴力的迫害时，我们对于他们的苦难无动于衷、漠然处之，这当然是非常轻松的。然而，如果所有的人都这样做，当我们自己受难的时候，还能指望别人站出来为我们主持公道吗？"真相不能到达的地方，谣言就会填满它。"对此，作为中国好网民，都要有敢于"亮剑"的勇气，主动"发声"，主动同网上各种歪理邪说作斗争，主动传播正能量。

2. 告别冲动，理性发声

在互联网舆论传播过程中，对于社会热点事件的讨论经常以各种论坛等群体讨论形式出现，这种讨论方式会因网络的虚拟性和隐匿性而更容易导致群体的情绪化和极端化。例如，"微博式对错定律"：警察和平民冲突，一定是警察错；城管和小贩冲突，一定是城管错；医生和病号冲突，一定是医生错；官员，更是逢事必错。做个"中国好网民"，一定要有理性。一个理性的人，考虑问题、处理事情不冲动盲目，不凭感觉怀疑与否定，而是通过合理推导，实事求是，从理智上控制自己的言谈举止。

理性品质从哪里来？文豪萧伯纳说过，"每一个人的内心世界，都隐藏有一匹脱缰的野马，如果你不去紧勒缰绳，时刻都会有大祸降临。"这个缰绳，就是谨守道德的边界，谨守法律的底线。

3. 告别低俗，文明发声

据人民网发布的《网络低俗语言调查报告》，"屌丝""逗比"等词语，在2014 年网络低俗词语的使用中位居前列。这些低俗的网络用语很不雅观，遗憾的是，有的网友随口就说，随手就用，甚至有一些人把使用低俗语言当成了一种时髦，凸显个性。

《光明日报》发文认为网络表达的底线应该是这样：优美达不到，但美还是要的，丑就错了；雅达不到，俗也可以，但低俗就过了。有人评论说，网络语言环境是培育中国好网民的"第一粒扣子"，做一个中国好网民应从不低俗开始，扣好上网的"第一粒扣子"，让网络用语回归文明本色。

三、我们的期待

习近平总书记说："网络空间天朗气清、生态良好，符合人民利益。"

我们期待，面对网络暴力，每一位网民都会一声吼！

我们期待，面对网络谣言，每一位网民都会有一双火眼金睛！

我们期待，面对网络低俗，每一位网民都会说一声好尴尬啊！

（五）大学生思想政治理论课研究性学习成果展示竞赛实例

1. 湖南省大学生学习贯彻习近平新时代中国特色社会主义思想暨第四届大学生思想政治理论课研究性学习成果展示要求

（1）竞赛主题。

①习近平新时代中国特色社会主义思想的理论渊源研究；

②新时代中国社会主要矛盾转化研究；

③中华民族伟大复兴的历史使命研究；

④新时代青年的成长成才；

⑤习近平新时代中国特色社会主义思想基本方略与幸福新湖南建设。

参赛学习小组可任选一主题开展研究性学习，学习成果报告题目自定，字数控制在 3 000～5 000 字以内。

（2）初赛。

参赛人员为 2018 年上半年所有在修思想政治理论课的在校大学生。参赛学生采取自由组合的方式，组成 5 人研究性学习小组。小组每位成员不能跨教学班且只能参加一个小组。

(3) 复赛。

在复赛现场从本校报送的名单中随机抽取一个研究性学习小组的学习成果报告，该份成果报告的成绩和本校初赛第一的学习成果报告成绩的总分为该校的复赛得分。

(4) 决赛。

决赛采取现场比赛方式，分为学习成果展示环节和问辩环节。

学习成果展示环节：主要考查研究性学习小组学习过程及成果。由研究性学习小组各成员运用PPT进行口头陈述。第1名学生陈述选择该主题的原因，第2名学生陈述该主题目前研究情况，第3名学生陈述本组的研究性学习成果，第4名学生陈述下一步研究设想，第5名学生陈述研究性学习过程中的体会。整个展示限时25分钟，总分为70分。

问辩环节：由现场专家就该主题研究性学习过程的相关内容提出1~2个问题，由参赛小组的1~2名学生进行现场回答。问辩环节限时10分钟，总分为30分。

两环节都由评委现场打分，成绩现场公布。取两个环节的总分为最终得分。

2. 湖南省大学生学习贯彻习近平新时代中国特色社会主义思想暨第四届大学生思想政治理论课研究性学习成果展示竞赛作品

佛系现象下的新时代青年奋斗精神研究

一、选择该主题的原因

1. "佛系青年"引发的讨论

2017年岁末，"佛系青年"迅速走红网络，所谓"佛系三连：都行，可以，没关系"。"佛系青年"跟宗教没有任何关系，就是借这个符号，讲一种怎么都行、不大走心、看淡一切的活法。例如，考试，会写啥就写啥，考过就是缘，挂了也是命；"双11"，抢到也行，抢不到也行；干活，说我好也行，说不好也行……随后，各大主流媒体纷纷发文进行评论，《人民日报》发文认为"处处不坚持，事事随大流，那只能是淹没于人潮、迷失掉自我。"《中国青年报》发文认为"人生在世总要有点执念并为执念做点什么，有自己坚持的信条。否则，全方位的'佛'不如称之为'懒'。"从而引发了对青年奋斗精神的广泛关注和讨论。

2. 奋斗精神对于新时代而言是一种刚需

习近平总书记在2018年新年贺词中提出"幸福都是奋斗出来的"，不久之后，在2018年春节团拜会更是多次谈到"奋斗"，他说"新时代是奋斗者的时代""只有奋斗的人生才称得上幸福的人生"。时代让我们相信，"有梦想，有机会，有奋斗，一切美好的东西都能够创造出来"。

党的十九大报告提出："青年兴则国家兴，青年强则国家强。"青年作为社会主义事业的建设者和接班人，更加需要具备奋斗精神。因此，如何让"佛系青年"成为奋斗青年，已成为亟待解决的问题。

二、目前研究情况综述

1. 国内研究

在源远流长的中华民族思想发展进程中，有着丰富的充满奋斗精神的宝贵思想元素和理论资源。古代先贤们进行了艰苦卓绝的奋斗探索，才使得中华民族繁衍存续，生生不息。而中国近代史更是一部受尽欺凌、饱受屈辱的历史，同时又是中华民族不屈抗争、顽强奋斗的历史。到了现代，中国共产党赋予奋斗精神更新、更丰富的内涵，特别是当前习近平总书记在多种场合系统地、综合地论述了奋斗精神的重要性。

以"奋斗精神"为关键词在中国知网进行"篇名"检索，找到 2 729 条结果，以"青年""奋斗精神"为关键词在中国知网进行"篇名"检索，找到 16 条结果，且绝大多数着眼于艰苦奋斗，从艰苦奋斗精神教育的含义、现状、教育对策等方面进行研究。

2. 国外研究

西方关于奋斗的文献偏重于论述人的创造力和能动性，将奋斗视为人实现自身价值的有效途径。如柏格森说："我们做什么取决于我们是什么，但必须附加一句，我们是自己生活的创造者，我们在不断地创造自己。"典型代表是美国梦教育，倡导"只要经过不懈努力和奋斗，个人便能获得更好的生活。"2006年奥巴马出版《无畏的希望：重申美国梦》，讲述自己的奋斗故事。与此同时，发达国家也面临着青年人奋斗精神弱化的困扰，如日本著名管理学家大前研一所著的《低欲望社会》，在这本副标题为"胸无大志的时代"的书中，他感叹道："日本年轻人没有欲望、没有梦想、没有干劲，日本已陷入低欲望社会！"

综上所述，国内外对奋斗精神的研究源远流长，取得了丰硕的成果，但奋斗精神不但是历史的而且是现实的，更要结合时代背景赋予新的内容，比如在中国特色社会主义进入新时代，我国社会主要矛盾已经转化为人民日益增长的美好生活需要和不平衡不充分发展之间的矛盾的背景下，面对现在的95后、00后青年，不能简单片面地要求他们厉行节俭，更重要的是要激发他们为梦想而奋斗。目前，与时俱进地对青年进行奋斗精神研究的成果较少。

三、研究性学习成果

1. 通过问卷调查分析"佛系青年"现象产生的原因

研究小组制作了调查问卷，通过问卷星的方式对身边的110位同学做了一次小范围的调查，分析了"佛系青年"现象产生的两个主要方面的原因。

（1）从当前我国社会的主要矛盾看，新时代青年倍感压力人民日益增长的美好生活需要和不平衡不充分发展之间的矛盾在青年身上体现得最突出。相对父辈，新时代青年对美好生活有更高的追求。调查："你毕业以后工资的期望值是多少元？"选择 3 000 以下的占 7.27%，选择 3 000 到 6 000 的占 30.91%，选择 6 001 到 10 000 的占 30.91%，选择 10 000 以上的占 30.91%。然而，据智联招聘发布的数据显示，2017 年应届毕业生平均签约月薪为 4 014 元。可见，"理想很丰满，现实很骨感"。特别是社会快速发展带来的激烈竞争，日益冷漠而又复杂的人际关系，高房价为代表的高生活成本等等，都会让很多青年难以适应。借鉴美国心理学家塞林格曼提出的"习得性无助"理论，当青年经常性遭遇失败和打击时，就会怀疑自己，放弃继续努力，产生退缩行为。

（2）从新时代青年生活现状看，即使降低欲望也能过上较为惬意的生活

随着我国进入小康社会，普遍解决了温饱问题，青年的生活方式、思想等方面发生了显著变化。调查："你能否接受'WiFi + 空调'的简单生活？"选择能接受的占 49.09%，选择不能接受的占 50.91%，说明部分青年出现了低欲望倾向。更为重要的是，网络给他们提供了一个完美的避风港。调查："你认为通过上网进行社交、购物、点餐、娱乐等活动，是否是一种惬意的生活？"选择是的占 45.45%，选择不是的占 54.55%。可见，有些青年已经习惯于全身心地沉浸在网络虚拟世界之中，自娱自乐，以此来逃避现实。

2. "佛系青年"现象的影响

从积极影响看，"佛系青年"的价值观有利于青年放下急功近利的想法，追求心灵的平静，正所谓"宠辱不惊，闲看庭前花开花落；去留无意，静观天边云卷云舒"。同时，能够缓解人与人之间的紧张关系，减少社会戾气，避免欺凌弱小的"踢猫效应"等现象，有利于调和社会矛盾。

从消极影响看，"佛系青年"的价值观会引发青年不思进取、安于现状、相信"命里有时终须有，命里无时莫强求"的宿命论等消极现象，尤其是要警惕可能会引发青年低欲望。根据国家统计局 2018 年 1 月公布的数据显示，2017 年我国人口出生率、劳动年龄人口均下降。青年低欲望可能加剧我国人口老龄化、少子化现象，可能造成消费低迷等，对我国社会发展产生重大影响。

因此，对于"佛系青年"现象，不能仅仅是"哀其不幸、怒其不争"，更不能简单将其界定为消极颓废，而应因势利导，帮助他们成长成才。

3. 新时代青年奋斗精神的塑造路径

（1）从中华优秀传统文化中汲取精神力量

2018 年初，为纪念清华百年诞辰的电影《无问西东》引起热评，众多源于真实历史的情节，展现出历代清华学子"自强不息、厚德载物"的精神令人感动。其实，中华传统文化的精髓就是这种自强不息的奋斗精神。从大禹治水、愚公移山等传说，从"天行健，君子以自强不息"等名家名言，无不推崇

这种自强不息的奋斗精神。青年应认真学习中华历史，特别是中国共产党九十多年从未停歇的奋斗史，继承红船精神、塞罕坝精神等独特的奋斗精神气质，像鲁迅先生所倡导的那样，努力成为中国的脊梁，去做埋头苦干的人、拼命硬干的人、为民请命的人、舍身求法的人……如此，可帮助青年从精神上克服"习得性无助"，从自娱自乐的网络虚拟世界中走出来，以一往无前的奋斗姿态，攻坚克难。

（2）结合中国特色社会主义新时代树立奋斗目标

党的十九大报告对全面建成社会主义现代化强国作出了"两步走""两个十五年"的战略安排。从2020年到2050年，这三十年是我国发展的关键三十年，更是新时代青年人生中最有作为的三十年。为此，习近平总书记要求青年树立与这个时代"同心同向的理想信念，勇于担当这个时代赋予的历史责任"。正如曾当选中国"最美大学生村官"、绰号"耶鲁哥"的湖南省衡山县白云村大学生村官秦玥飞，在面对为什么大学毕业后选择回到祖国农村服务的问题，他的回答是："我希望我能够更了解我的祖国，并和她一起成长。"如此，青年才能以与人民同呼吸、与民族共命运的情怀，以先天下之忧而忧、后天下之乐而乐的责任感，树立科学的奋斗目标，将个人发展与国家发展紧密联系在一起。

（3）在知行合一的实践中重塑奋斗精神

知行合一是明代哲学家王阳明"心学"思想的精髓之一，其中蕴含着丰富而深刻的中国智慧。习近平总书记指出："知是基础、是前提，行是重点、是关键，必须以知促行、以行促知，做到知行合一。"例如，我们高职大一新生刚进校时还没有从高考失利的阴影中走出来，但是在参观校史馆时，一张张老照片让我们看到了学校是如何从一个小县城来到省会落地生根，如何从一所默默无闻的厂办技工学校发展成"高大上"的卓越院校，这种奋斗精神深深震撼了我们，让我们直接感受到了如何知行合一地践行奋斗精神。此后，在充满一个又一个难题的专业学习中，在充满矛盾的学生干部工作中，在充满诱惑的生活中，我们会难过、受伤、失望，但没有自暴自弃，而是奋力前行。因此，只有经历"实践、认识、再实践、再认识"的反复循环，青年才能真正将奋斗精神内化于心、外化于行，实现奋斗精神的知行合一。

四、下一步研究设想

1. 开展新时代青年奋斗精神教育研究

调查："对新时代青年开展奋斗精神教育是否有必要？"选择有必要的占89.09%，选择没有必要的占10.91%。可见对新时代青年开展奋斗精神教育非常有必要。但受时间、人员等条件限制，本次研究未深入涉及奋斗精神教育问题。今后，我们将从当前高校对新时代青年奋斗精神教育的重视程度、教育环境、教育手段、教育方法、教育效果等方面进行综合分析，以期厘清存在的突出问题，剖析其原因，对症下药，从学生的视角，为开展大学生奋斗精神教育提出建设性方案。

2. 将研究成果运用于实践

调查："你是否相信通过奋斗能够创造自己想要的未来？"选择相信的占91.82%，选择不相信的占8.18%。调查："你认为新时代青年的奋斗精神是否存在问题？"选择存在的占80%，选择不存在的占20%。可见，大多数青年相信奋斗的力量，同时，认识到自身存在的问题，关键是如何在实践中培养奋斗精神。虽然研究小组对新时代青年奋斗精神培养形成了一些想法，但这些想法还都停留在纸质研究报告上，这是一种缺憾，我们希望我们的研究报告能发挥它应有的作用。改变世界先从改变身边开始，今后，在班主任老师的指导下，针对班级中奋斗精神缺乏的同学，我们研究小组将通过现有的班会、班级微信群、寝室等各种载体，将对新时代青年奋斗精神培养的想法以同学们喜闻乐见的形式付诸实践，让奋斗精神在潜移默化中影响我们身边的同学，让奋斗精神不仅成为同学们的一种刚需，而且要让同学们体验到奋斗的幸福。

五、研究性学习过程中的体会

这份近5 000字的研究报告，对于我们而言，是人生中的第一篇大文章。回顾研究的过程，我们想借用王国维的"三重境界"来总结本次研究性学习的体会。

第一，"昨夜西风凋碧树，独上高楼，望尽天涯路"。习近平新时代中国特色社会主义思想对于我们高职生而言无疑是一座理论的高山，最开始我们是不自信的，但老师告诉我们"只有站得高，才能看得远"，要想更清楚地了解中国的现在及未来，就必须认真学习习近平新时代中国特色社会主义思想。今天，虽然我们不敢奢谈我们学懂了多少，但是，在孤独而寂寞的理论学习过程中，我们发现曾经喧嚣的心终于安静下来了。所以，我们的第一个体会是，理论学习原本就是寂寞的，静下心来就好。

第二，"衣带渐宽终不悔，为伊消得人憔悴"。在研究过程中，我们经历了资料太多而无从选择的苦恼，经历了成员之间因看法分歧而发生的激烈争论，更经历了茶饭不思、夜不能寐。完成研究报告时，我们也已经用了洪荒之力。虽然筋疲力尽，但我们愿意。所以，我们的第二个体会是，只有努力到无能为力，拼搏到感动自己，这才是学习的最高境界。

第三，"众里寻他千百度，蓦然回首，那人正在灯火阑珊处"。围绕着新时代青年奋斗精神的塑造路径等我们自己提出来的新问题，在查阅了大量的资料之后，却没有可供借鉴的答案，曾经也想放弃这个问题，但我们的一位成员灵光一现地说："为什么我们总是要借鉴别人的成果？我们自己不就是新时代青年？为什么我们就不能从自己的实际出发来思考？"一语惊醒梦中人，让我们脑洞大开。所以，我们的第三个体会是，学习遇到百思不得其解的时候，千万不能轻易放弃，也许下一秒就会豁然开朗。

　　通过此次研究性学习，我们不仅增强了对习近平新时代中国特色社会主义思想的认识，更重要的是，在学以致用的过程中，这份研究性学习报告见证了我们的成长。我们希望通过我们的努力，引导更多的青年践行习近平总书记对青年的期望："广大青年应该在奋斗中释放青春激情、追逐青春理想，以青春之我、奋斗之我，为民族复兴铺路架桥，为祖国建设添砖加瓦。"

第九章
教学研究

德国现代大学之父洪堡认为，大学是教学与研究的统一。《普通高校思想政治理论课建设体系创新计划》指出，高校思想政治理论课要"坚持教学与科研相结合，努力探索攻克教学难关，强化马克思主义理论学科和科研对教学的支撑作用。"[1] 上一堂思想政治理论课不难，上"好"一堂思想政治理论课不易。思想政治理论课教师平时有没有做教学研究，在课堂效果的呈现上有很大差异。高校思想政治理论课教学必须加强科学研究，已成为引起重视并亟待解决的课题。

一、思想政治理论课教学研究的必要性

（一）思想政治理论课教学研究的必要性

1. 高校发挥思想政治教育功能的本质要求

马克思主义认为，教育的本质是培养全面而自由发展的人。高校思想政治教育是教育的一种，也应该符合教育的基本规律。如何培养全面而自由发展的大学生，是值得高校思想政治教育者深思与探索的一个课题。除此之外，高校思想政治教育也为中国特色社会主义建设事业培养合格接班人，帮助大学生树立正确的世界观、人生观、价值观。如何实现高校思想政治教育的功能与作用，加强教学研究是其必然途径。

一方面，实现高校思想政治教育的功能与作用，需要加强思想政治理论课教学。高校思想政治理论课是大学生思想政治教育的主阵地和主渠道。大学阶段是大学生形成正确的人生观、世界观、价值观的重要时期，关系到大学生的成人、成才。教学效果的好坏直接关系到大学生三观的正确性与科学性。加强思想政治理论课的建设，增强课程的吸引力与实效性，使课堂与学生的学习状态均呈现出良好的效果，需要高校思想政治理论课教师不断钻研教学内容、搞好教学设计、

---

[1] 中宣部教育部. 关于印发《普通高校思想政治理论课建设体系创新计划》的通知 [Z]. 教社科 [2015]．

探索教学方法与手段、提升自身的教学水平与能力。因此，教师教学能力的提高是实现高效思想政治理论课教学的关键。

另一方面，实现高校思想政治教育的功能与作用，需要加强思想政治理论课研究。目前我国的现实情况是，思想政治理论课从小学就开设了，中学也有，大学还在继续，甚至研究生阶段仍然开设。虽然，主体内容大同小异，都是传达党中央正确的精神、方针、路线，培养社会主义核心价值观等内容。但是，不同阶段的思想政治理论课，无论在深度和广度上还是有差异的。一般来说，高校课程区别于中小学课程的显著标志之一是，高校课程的科研含量较高，而中小学课程主要是知识的传送与接收。通过科学研究，同样的内容会传递出不同深度的理解和内涵，才能满足大学生对于知识与素养的更高层次的需求。进而帮助大学生拓宽其专业知识和边缘学科、交叉学科的视野，进而提升学术与教学魅力。因此，要想提高高校思想政治教育教学的吸引力、感染力和说服力，科学研究对于教学的支持有着更加特殊重要的意义。

2. 思政课教师自身生存与发展的客观需要

邓小平说过，教育的关键在于教师。高校思想政治教育的关键在于高校思想政治教育者。高校思政课是大学生思想政治教育的主阵地和主渠道，高校思想政治理论课教师自然是主力。我国著名的科学家、教育家钱伟长教授早在20世纪80年代谈到高校教师时就说过，不教课就不是教师，不搞科研就不是好教师。[1]没有科研底蕴的空洞教学，是没有灵魂的教育；没有教学需要的科研，是功利主义的孤芳自赏。教学是高校思政课教师的"生存之道"，科研则是"发展之道"，两者相辅相成，缺一不可。如果高校思政课教师都只做科学研究，那么与科学院和研究所无异，无法实现为社会主义培养建设者和接班人的功能；如果高校思政课教师都只完成教学任务，完全不做科研，那么与中学和培训结构无异，马克思主义学科建设和学术中心的功能就无法发挥。高校思想政治理论课教学能够为科学研究提供基础、内容、方向与动力；科学研究加强了思想政治理论课教学内容的深度、广度、整合与优化。

虽然，对于高校思想政治理论课教师来说，教学与科研有时候难以兼顾，其一，时间和精力上的冲突，对于思政课教师来说，无论是教学还是科研，都需要花费大量的功夫和心血，人的精力始终有限，两方面都能做好的教师不多；其二，教学和科研的有些要求不一样。教学强调教学内容的设计、语言的表达和课堂的有效组织等，科研更强调理性思维的逻辑性和严谨性，两者的侧重点不同，每位教师的能力也有差异。但教学与科研都是以知识为中心，以服务于学生为目标。如果能把教学的学术性与科研的教育性结合起来，两者可以相得益彰。这对于提升高校思想政治理论课教师自身的综合能力与素质，具有重要作用。

---

[1] 钱伟长. 大学必须拆除教学与科研之间的高墙 [J]. 群言, 2003 (10): 16.

3. 大学生提升综合素质的现实需要

当前，我国各高校提倡开展大学生思想政治教育工作全面育人工程，即教书育人、科研育人、实践育人、管理育人、服务育人等，① 从而全面提升大学生综合素质。这一作用的发挥与高校思想政治理论课的教学与研究实践分不开。

教书育人是基础，教学始终是高校的核心任务。高校思想政治理论课教师要想方设法上好每一堂思政课，让每一堂课都使学生有收获，而不是满堂灌。思想政治理论课教学不再需要填鸭式教学，或者应试教育，而是充满理论性、实践性、创造性的一系列活动。要实现这一教学目标，单靠重复性的每日理论讲授，显然不能达到理想的教学效果。只有高校思想政治理论课教师提升了教学水平，才能使思政课堂成为提升大学生综合素质的舞台。

科研育人简单来说，就是让大学生在校期间，通过科学研究的方法，学习探索研究思想政治理论课的某个主题或某些理论。形式可以多样，比如湖南省各高校近几年持续开展的大学生思想政治理论课研究性学习成果展示活动，成效显著。所有在修思想政治理论课的大学生，组成五人学习小组，任选思想政治理论课的一个主题开展研究性学习，形成学习成果报告，字数控制在 3 000~5 000 字以内。该展示活动的开展，有利于激发大学生的理论学习积极性，培养大学生独立思考问题、解决问题的能力。同时也加大了思想政治理论课教学方法改革力度，提高思想政治理论课教学实效性，也推进了深入学习宣传党的十九大精神及全国两会精神，推动了习近平新时代中国特色社会主义思想的"三进"工作。这一切离不开思想政治理论课教学研究。

（二）思想政治理论课教学研究现状及原因

1. 教学与科研不协调现状

中国矿业大学马克思主义学院曹洪军教授认为，如何平衡教学与科研的关系，成为广大一线思政课大学教师难以克服的魔咒。② 北京交通大学林建成的研究表明，在思政课教师中，教学与科研的矛盾十分突出，在许多思政课教师那里处于顾此失彼的状态。③ 华中科技大学李宝斌博士选取了湖南、湖北三所高校，用实证的方法对高校教师进行教学与科研的分析，结果显示教学与科研存在失衡状态。④

---

① 刘钰洁. 高校"五育人"调查研究——以大理大学为例 [D]. 大理大学, 2015.
② 曹洪军. 在科研改进中提高思想政治理论课教学质量 [J]. 华北理工大学学报（社会科学版），2017（5）：115.
③ 林建成，陈树文. 政治理论课教师教学与科研的矛盾及其解决途径 [J]. 中国高教研究，2015（3）：2.
④ 李宝斌，许晓东. 高校教师评价中教学科研失衡的实证与反思 [J]. 高等工程教育研究，2011（2）：77.

（1）重科研轻教学。

假如把教学和科研比喻为天平的两端，第一种情况是高校思想政治理论课教师科研这一头明显过重。这种情况发生在本科院校的可能性更大，尤其是高水平的本科院校，比如985、211院校。这类高校集中了许多高学历、高职称的优秀教师，常常伴随着高产量的科研成果，剩下从事教学的时间和精力却分配不够。李宝斌博士的实证研究发现不少拥有优秀科研成果的思政课教授、副教授们的教学评价并不高，或者有些干脆为了科研而拒绝承担教学任务。

（2）重教学轻科研。

另一种情况是教学这一头重于科研。这种情况多发生在高职高专院校。随着我国高等职业教育的飞速发展，高职学生逐年增加，而高职教师的增长速度远跟不上学生的扩招。虽然教育部明文规定了高校思政课生师比不能高于350∶1的要求，但是大多数的高校并没有完全符合这一标准，高职高专院校的生师比更高。所以，绝大多数高职高专院校思政课教师存在周课时超量，其他工作疲于应付的现象。思政课教师能保证教学质量已是不易，更别说挤出时间和精力开展科研。即便是发几篇科研论文有时候也是硬着头皮，完成科研任务，质量和水准堪忧。

2. 教学与科研不协调原因

（1）当前社会功利主义的影响。

今年是改革开放四十周年，我国在各方面都取得了长足的发展与巨大进步。物质财富有了极大的丰富，人民的生活水平有了改善和提升，毫无疑问，这一切都是改革开放的重大成果。尤其是社会主义市场经济体制的建立与完善，社会更富竞争性，人们更有进取心。然而随着市场经济思维的注入，功利主义也渐渐蔓延开来，高校教师也不能幸免。无论是教师的评价体系，还是现实的客观需要，让高校教师变得不得不与参与类似于市场竞争的名利场。教育是功在当代，利在千秋的事业。所谓"十年树木，百年树人"，教育讲究细工出慢活。然而，市场经济下，要求效率第一，速度越快越好，时间越短越好；讲究成本与收益比值最大化，成本越小越好，收益越大越好。高校思想政治理论课教师如何在短时间内获得最大的收益呢？单靠教学更肯定不行，在现行高校教师评价体系中，教师教学水平的高低并无实际性收入差别，即便是有，也是微乎其微的。但是，有课题和科研成果就不一样了。不少高校思想政治理论课教师通过主持或参与课题研究，获取科研经费，获得某些名与利，而并非与教学相关。因为，与教学相关的科研课题项目类别非常少，且不容易出高水平的成果。此外，还有些高校思想政治理论课教师干脆从事其他的兼职工作，以获得额外的兼职收入，补贴家用。这些做法其实也是无奈之举，是功利化的产物。

（2）浮躁的学术风气。

有些高校思想政治理论课教师虽然也在做教学研究，然而受到功利主义的影响，很多时候是为了科研指标或者评职称而做的教学研究，并非为了研究问题本身。因此，即便是有些高校思想政治理论课教师的研究成果一大堆，甚至还评上了正高、副高，但是自身的研究水平并没有多大的长进。有些高校思想政治理论课教师在职称评完之后，就再也不做科研了。这些问题的出现，多半原因是浮躁的学术风气，没有沉下心来真心做研究。有些高校思想政治理论课教师还没有找到研究的乐趣，只为了某些名与利，不得不获得某些研究成果，以取得某种资质。那么，研究的乐趣究竟在哪里？或许是为了探求某个问题的答案，带着问题做研究才是真研究。人类本身具有极强的好奇心，天性爱探索。心理学研究显示，当大脑处于探索事物时，会分泌多巴胺，这是一种让人感到快乐的物质。当人害怕某种事物，或者获得名利而不得不做的时候，就会失去热情，索然无味。这恐怕就是造成有些高校思想政治理论课教师浮躁的学术风气的原因之一。

此外，高校某些领域还存在一些不正当的学术腐败行为，无论是公开发表一篇论文，还是获得某个课题的立项，乃至评奖，存在着找关系、找熟人的现象。所谓的"圈内人"有可能利用手中的社会资源，给关系户和熟人"面子"，而忽视了文章或课题本身，这也在一定程度上挫伤了高校思想政治理论课教师，尤其是青年教师的研究积极性。虽然部分真心投入教学研究的高校思想政治理论课教师，不会理会外界环境如何恶劣，仍然会孜孜以求，不断探索，但学术腐败行为的负面影响仍然不容小觑。

（3）不利于教学的评价指标。

当前高校对于教师的考核评价制度，主要侧重在科研成果的量化，与课题、论文、专著、教材等的级别、数量有直接关系，而与教学效果的好坏、教学水平的高低关系不明显，这便为众多高校青年思想政治理论课教师职业发展指出了方向。在这样的评价体系下，可以想见，高校青年思想政治理论课教师在职业发展的初期，多数不会安心自己的教学工作，而是想方设法追求科研成果的量化指数。结果造成，虽然高校青年思想政治理论课教师经过几年的时间，累积了不少科研成果，但是教学水平仍然停留在原地。有些高校青年思想政治理论课教师在刚刚走上教学岗位时踌躇满志，想在教书育人的舞台上做出自己的贡献，然而事实给了他们打击。当通过认真努力的教师发现自己的付出没有得到学生的认可，现在手机对于大学生的吸引可比老师的课大多了，有时候思想政治理论课教师辛辛苦苦备了一个星期的课，结果却换来学生的无动于衷，这无疑给青年教师的热情浇上了一盆冷水；有时候虽然得到了学生的认可，受到学生欢迎，然而现行评价体系，却让这份认可和欢迎，发挥不了任何作用，不会有任何实质性的奖励或者对职称的评定有任何帮助，久而久之，青年教师在教学上的积极性就会大受挫伤，进而忘了初心。我国高校可以在这方面，借鉴国外大学的教学评价体系。有些著名大学的评价内容中，不仅关注每一个教师对于课程体系、教学内容、核心知识点、拓展知识面等方面的处理，而且注重教师在课堂之外，给予学生的关心与帮助；不但要综合考量教师的教学态度和能力，而且充分了解学生通过该教师一门课程的教学后，在各个方面所取得的成长与进步。①

二、思想政治理论课教学研究的途径

（一）处理好教学与研究的关系

1. 重视教学与研究的统一

一方面，教学对研究的引领作用。有些思政课教师认为教学对科研的作用，不如科研对教学的作用明显。可能的一个原因是没有意识到教学本有的引领和展示作用。具体来说，科研行动前，教学为科研提供了研究的内容；科研成果出来后，教学又搭建了研究成果实践的平台。如果思政课教师关起门来做纯学术研究，当然可以，但未免有孤芳自赏之嫌，为科研为科研，为职称为科研，久而久之，容易造成闭门造车，理论与实践脱节，自己也慢慢丧失了科研热情和使命感。这就不难理解为什么有些教师一旦评上教授，就很难再提起科研的兴趣了。而事实上，评上教授或许恰是高水平科研的开始。如果发现教学的巨大引领作用，就会明白"输出就是最好的输入"这一道理。思政课教师为了给学生讲清讲透某一个知识点，必须要查阅丰富的资料，进行深入的思考，才能让自己的教学内容做到深入浅出，有理有据。没有科研的深入，是不能做到上课时浅出的。上课时能够让学生真正理解和接受教师的授课内容，入脑入心，是一件令教师感到无比自豪和幸福的事情，成就感和使命感会日积月累地积攒起来。从而让思政课教师认识到从事思想政治教育事业的重要意义和满足感，成为克服职业倦怠的一剂良方。或许这就是教学为科研提供持续动力的意义所在。

另一方面，研究对教学的提升作用。有些教师认为思政课教学门槛低，行政管理人员、辅导员都能兼任思政课教学。这话不假，但要把思政课真正上好，入脑入心，却非常不易。钱伟长教授认为，讲好课有两条，一要有学问，二要有好口才。有学问比好口才更重要。因此，教师必须搞科研，才能增长学问，这是培养好教师的根本途径。思政课教师如果没有科研的长期积累，上课就只能照本宣科。久而久之沦为教书匠，产生职业倦怠，失去教学热情与魅力。教学没有科研作为底蕴，就是一种没有观点、没有灵魂的教学。在中小学还能凑合，高校思政课教师肯定不行。特别是现在大学生多为95后，甚至00后，他们个性十足，思想见识与之前的大学生不可同日而语。高校思政课教师如果没有科研作为支撑，课堂上是难以服众的。通常大学生认为思政课具有较强的政治性，如果上课只是说教，容易引起反感，而科研可以增强教学内容的学术性和思想性，让思政课堂

---

① 蔡敏. 美国著名大学教学评价的内容特征. 外国教育研究 [J], 2006 (6): 26.

具有知识上的丰富性、视野上的开阔性和逻辑上的严谨性，从而更具吸引力和说服力，有助于大学生接受和认可思政课教师讲授的内容。长期而持续的科研训练，还能提升教师的思维能力和理论水平，反过来更好地开展教学。

2. 保持教学与科研的同时同步

要克服高校思政课教学与科研的分离，就要使二者无论从时间还是内容上时刻保持同时同步。

第一，时间上的同时同步

有些教师的通常做法是，学生在校时间只专注教学工作，学生一放假，就潜心做科研，美其名曰时间上安排得天衣无缝。但事实上，这样做的效果并不十分理想，因为这样做，容易让教学与科研有一个断层，教学和科研没有做到时间上的一致性。教师同仁们可以试试边教学边科研，在备课和上课的同时整理着科研的思路。将讲稿整理得论点更清晰，论证更加具有逻辑性和层次性，论据更有代表性，或许就是一篇好的研究论文。

第二，内容上的相互融合

内容方面也可以做到有机结合，一次思政课下来，认真总结和梳理教学内容，或许可以形成一篇研究论文或其中的一个部分。一个章节下来，有可能为申报一个课题项目提供了启发和思路。

（二）确定教学研究的对象

有些思政课教师已经认识到了研究的重要性，但是苦于研究实践较少，常常不知道如何开展。其实，高校教师本身的高学历学位、专业化背景已为研究奠定了良好的基础，所以不要怕，如果肯花时间和精力，每一位思政课教师都是可以做出科研成果来的。对研究不要有反感情绪，也不要有畏难心理。中国人民大学张雷声教授认为马克思主义理论学科的研究大致有四种类型：教学研究、理论研究、宣传研究和行动研究。[①] 教学研究包括对教学方法的研究和教学规律的研究，使思政课教师教书匠与研究员融为一体；理论研究是指就马克思主义理论学科和思政课教学内容开展研究，为了讲好某个内容，非做一番深入研究不可；宣传研究体现了思政课教师作为党和国家政策、方针、路线维护者的一种阐释能力，教师需要将艰深的理论用生动的、通俗的语言表达出来，便于大学生接受、信服；行动研究的特征是边研究边实践，边实践边研究，将理论与实践结合起来，用实证的方法论证研究的可行性。具体来说，思政课教师既可以选择马克思主义理论问题，也可以选择社会主义现代化建设实践中的现实问题和大学生关注的热点难点问题，还可以选择思政课教学法研究。值得注意的是，无论就哪种类型展开，都要与教学结合紧密，否则便失去了思政课研究的重要意义。这里重点

---

① 张雷声. 马克思主义理论学科的科研类型和方法 [J]. 思想理论教育, 2015 (10): 29.

谈谈关于开展教学研究的方法与体会。

高校思想政治理论课教学主要解决的是教什么、如何教、教学的效果怎么样等问题,解决这些的想法和思路都能成为思想政治理论课教学研究的内容。思想政治理论课教学研究的对象大致包括四个方面:教学内容的优化、教学方法的改进、教学载体的创新、教学渠道的拓展。教学内容的优化指的是高校思想政治理论课教师需要通过自己的研究,将教育部统编的教材体系内容转化为自己的教学体系内容。这种优化和转变只有通过高校思想政治理论课教师长期的知识积累和深入地理解教材内容,才有可能实现。教学方法的改进指的是转变传统高校思想政治理论课教学方法单一,以教师讲授为主,学生主体性发挥欠缺的现状。要结合不同专业、不同班级学生的学习特点和需求,不断创新思想政治理论课教学方法,以提升学生的学习兴趣,增强高校思想政治理论课教学的针对性、趣味性和实效性。教学载体的创新指的是全球高科技大发展背景下,高校思想政治理论课教学可以充分使用人类新发明、新创造、新媒体,将其运用到教学当中,以增强教学体验和效果。教学渠道的拓展主要指的是,将传统的实体教学场景拓展到虚拟教学领域,将线下教学与线上教学结合起来,使定点定时教学与随时随地教学互为补充,充分展现高校思想政治理论课多渠道教学的作用。

(三) 开展教学研究的实践

1. 教学内容的优化与深化

目前,我国高校思想政治理论课统一采用教育部统编教材,该套教材具有较强的科学性、严谨性和理论性等特点,但同时存在针对性、实践性等方面的不足,需要各高校思想政治理论课教师根据本校的实际情况和学生的特点,加以优化与深化。这一切的实现,如果没有进行系统的教学研究是无法完成的。

一方面教优化学内容。《中共中央国务院关于进一步加强和改进高等学校思想政治理论课的意见》指出"要精心设计和组织教学活动,认真探索专题讲授、案例教学等多种教学方法"。高校思想政治理论课教师应以统编教材为基础,根据本校学生的特点,开展思想政治理论课专题式教学研究与探索。所谓专题式教学,是指依据教学大纲规定的基本要求,按照课程内容的内在思想和逻辑关系,对教学内容进行整合和提炼,重新设置若干教学专题,并围绕专题确定教学方案,相对集中地进行教学的一种课堂教学方式。[①] 科学设置教学专题,是高校开展思想政治理论课专题式教学的关键性环节。设置专题时,必须一方面遵循国家统编教材要求,另一方面体现"贴近实际、贴近生活、贴近学生"的要求,努

---

① 张敏.高职思想政治理论课实施专题式教学的思考[J].湖南大众传媒职业技术学院学报,2011 (6):55.

力将二者有机地结合起来，做到"有所为有所不为"。① 注意科学性原则、实效性原则以及目的性原则。实践证明，实施专题式教学是提高高校思想政治理论课教学效果、加强思想政治教育的有效途径之一。有利于提高课堂教学的针对性，培养学生自主学习的能力，提高教师的教学水平和科研能力。

另一方面深化教学内容。众所周知，思想政治理论课不仅在高校开设，也在中小学课堂上出现。但这不是简单重复，高校思想政治理论课无论在内容的深度和广度上，都要比中小学课堂丰富，更有内涵。高校思想政治理论课教师要在备课过程中深化教学内容。以社会主义核心价值观这一内容为例，绝大多数中小学生基本上都能快速背诵社会主义核心价值观12个词24个字。那么，大学生为什么还要继续学习社会主义核心价值观呢？因为中小学生对于社会主义核心价值观的理解只限于字面上的意思，而大学生则需要从原因、背景、意义、中西方对比、践行等方面对这12个词进行深入理解与认真实践，做到内化于心，外化于行。如果高校思想政治理论课教师自身没有对社会主义核心价值观开展深入研究和揣摩的话，又怎能较好地培育大学生社会主义核心价值观教育呢？高校思想政治理论课教师可以就社会主义核心价值观这一内容开展教学研究，发表与其相关的文章，主持研究一两个课题，甚至出版相关的学术研究专著。这样一来，教学研究不仅对高校思想政治理论课教师的教学有帮助，对教师本身的科研也是助力的，一举两得。

2. 教学方法的改进与运用

都说教学是"教无定法，贵在得法。"如果高校思想政治理论课教师不进行长期的教学研究，是谈不上"得法"的。以普遍运用的讲授法为例，如果只是照本宣科，高校思想政治理论课教师不过是党和国家理论、政策、方针、路线的传声筒。不仅学生学得毫无兴致，教师本人讲得也是云里雾里，不知所云。但是如果进行了教学研究，即便是普通的讲授法，也是可以做到"得法"的。这样的"得法"需要做到：

第一，课前备课充分，对高校思想政治理论课教学内容做到胸有成竹，吃透内容；第二，开展教学设计，对于一些抽象的概念和理论，只有进行过精心别致的教学设计，才会做到出其不意，耳目一新；第三，注意使用启发式教学，就授课内容进行恰当的设问，调动学生思考，不然学生很容易思想开小差，尤其是被手机吸引了注意力；第四，上课时注意高校思想政治理论课教学用语精准、生动、形象、富有感染力和吸引力；第五，高校思想政治理论课教师不能一味地只顾自己讲授，也要让学生讲一讲，有些学生也需要表达机会；第六，结合必要的板书，有些高校思想政治理论课教师完全只用PPT课件教学，一节课下来，课件

---

① 刘文平. 高职院校思想政治理论课专题式教学模式刍议［J］. 无锡职业技术学院学报，2009（6）：33.

一页一页地翻过，黑板上什么也没有留下，学生抓不住本节课的重点；第七，可将讲授法与其他方法结合，一堂课要采用至少3种以上的教学方法，才能吸引不同学生的关注，因为有些学生喜欢提问法，有些学生喜欢辩论法，有些学生喜欢体验法，不能一概而论。总之，只要进行充分的思想政治理论课教学研究，普通的讲授法也会变得不普通，会收到意想不到的效果。

3. 教学载体的创新与使用

教学载体是是指用来贮存、承载、展示教学内容的有效工具。传统的教学载体包括图片、照片、黑板等，多是实体工具。而现代化教学载体以多媒体的形式呈现在师生面前，这其中包括视频、音频、动画、PPT课件等软件载体，也包括电脑、音响、大屏幕、手机等硬件载体。运用现代化的多媒体教学载体来上高校思想政治理论课，能做到视听结合，创设情境，会比传统教学更生动、形象、开阔视野。但是不能以为只要运用了多媒体教学载体，就万事大吉了，就一定能上好一堂思想政治理论课。如何恰当好处地使用多媒体，以达到最佳的教学效果，这是需要高校思想政治理论课教师花时间和精力来进行教学研究的。

一方面，高校思想政治理论课教师要认识到过度使用多媒体带来的弊端。第一，高校思想政治理论课堂上仍然要以学生为中心，而不是以PPT为中心，不然一节课很容易变成课件展示课，而非在教学；第二，即便是课件展示，有些高校思想政治理论课教师制作的课件质量的确不高，从直观上看，字体字号太小太密，色彩搭配也不恰当，让学生无法看清，从内容上看，有些PPT就是教材内容的电子版，没有突出重点难点；第三，有些高校思想政治理论课教师有时候一堂课下来，视频资料从头放到尾，学生能不能接收，接收到多少，不得而知，这样的教学载体已经妨碍了正常教学，沦为看视频时间；第四，有些高校思想政治理论课教师完全依赖多媒体教学，如果停电了，或者多媒体设备出现故障，本节课就无法进行。

另一方面，高校思想政治理论课教师要学习多媒体的正确使用方式。一是学习PPT的制作，不但要外观美观，让学生看后赏心悦目，提高学习兴趣，而且重难点突出，具有较强的逻辑性和启发性；二是学习多媒体的使用方法，有些高校思想政治理论课教师由于年纪偏大，不愿意尝试学习使用新的现代化教学载体，跟不上00后大学生的实际需求。作为一名高校思想政治理论课教师，要活到老，学到老，不断与时俱进。

总之，高校思想政治理论课教师要将多媒体的使用与传统教学载体结合起来。无论运用怎样的高科技到高校思想政治理论课教学当中，教育教学的本质不会改变，那就是唤起学生的学习兴趣，激发学生自主学习的动力，帮助学生掌握自学的方法。传统教学载体运用了那么多年，也培养了一代又一代杰出人才，自然有其宝贵的使用价值。高科技多媒体的使用也是一把双刃剑，高校思想政治理论课教师在教学当中应当将多媒体的使用与传统教学载体结合起来，使其作用互补，相辅相成。

4. 教学渠道的拓展与延伸

教学渠道指的是教学的空间和平台，主要包括实体教学渠道和虚拟教学渠道。实体教学渠道又可分为课堂教学和实践教学；虚拟教学渠道主要指网络教学。这些教学渠道，目前不少高校思想政治理论课教师已经运用到了思想政治理论课教学当中。然而实际的教学效果好不好，需要高校思想政治理论课教师进行认真的教学研究，才能发挥出不同教学渠道的最佳作用。

这里主要探讨网络教学渠道的具体运用问题。当前高校思想政治理论课教学兴起信息化教学的热潮，不论是世界大学城、超星、爱课程、网易公开课等平台，还是微课、慕课等形式，都将信息化教学推到了白热化。然而也暴露出一些问题，需要高校思想政治理论课教师做一些冷思考。

高校思想政治理论课开展网络信息化教学的优势不言而喻。首先是教学内容方面的优势，实体教学渠道的一堂课只有 45 分钟，所承载的教学内容与教学信息始终有限，使用网络平台就不一样了，理论上说，有无限的教学信息呈现在学生面前，且类型多样，可让学生根据自己的喜好选择教学内容；其次是形式多样，不仅有静态的图片、照片、图表、插画等，还有动态的视频、音频、动画等，从不同角度、不同方向给予学生新鲜感与刺激感，激发学生的学习热情与兴趣；最后是时空便利，这是网络教学与实体教学最大的不同之一，实体教学始终受到一定的时空局限，不管个人是否在某段时空方便，都需要按照课表进行教学与学习，网络教学可以实现时间与空间极大的个人化，满足学生个体需求。

高校思想政治理论课开展网络信息化教学值得注意的地方。第一，网络信息化教学要为教学内容服务，不能搞成"两张皮"。部分高校思想政治理论课教师纯粹是为了迎合信息化的潮流，将自己搜集到的教学资料，包括 PPT、视频、音频、图片、案例等一一挂在网上，至于有没有与上课内容紧密结合，并没有做教学研究，当然也不会收到理想的效果。第二，网络信息化教学不能将严谨的政治理论肤浅化和娱乐化。有些高校思想政治理论课教师为了增加网络课程的点击率，会将有趣的视频、音频、动画堆积在课程平台上，虽然有了关注度，但是缺少了高校思想政治理论课的思想性、政治性、理论性，没有起到宣传和培育社会主义核心价值观的主渠道和主阵地作用。第三，网络信息化教学仍然要以学生为主体，同时不能忽视教师的引导作用。既然是教学，就一定要有教学互动，教学相长，否则与浏览网页、观看影片和电视节目无异，这些也是可以加强宣传和教育作用的。无论教学渠道如何拓展，教学形式何等新颖，教学本质和教学规律始终不能丢失。第四，要正确处理数字化"量"与大数据"质"的关系。网络时代的来临，将会使全人类进入大数据时代。如何使用大数据，将其高效率地运用到高校思想政治理论课教学中，需要高校思想政治理论课教师需要进行教学研究。大数据的使用同样是一把双刃剑，使用得好，就会发挥大数据的海量性、多样性、高速性、多变性等优势，同时也要警惕，大数据不能取代一切对于理论问题、社会现实的理性思考，科学发展的逻辑不能被湮没在海量数据中。高校思想政治理论课教师要通过教学研究，发挥大数据的积极作用。第五，要合理用好网络微课与实体宏课，处理好部分与整体的关系。现在网络课程特别提倡微课，这也是微时代的产物之一。效率的高速化、知识的碎片化成为一个流行趋势，高校思想政治理论课也在朝着这个方向尝试。微课是一个知识点的高度浓缩，迎合着00后大学生的专注力集中短暂的特点。微课的时长通常在6-10分钟之间，高校思想政治理论课教师出镜或者不出镜，中间插入PPT、动画、视频、音频、图片等多种教学资料，目的是吸引00后学生的关注，让思想政治理论课也变成有趣、有料、有聊起来。第六，网络信息化线上教学要与实体线下教学相互补充、相得益彰。[1] 无论线上教学如何精彩纷呈、眼花缭乱，线下的实体教学始终不能被完全取代，毕竟人类文明的发展与繁荣，离不开人类数代实体教学经验的积累。只有做到线上线下互相配合、补充，才能发挥更大的教学效果。时代在发展，教学渠道在拓展，高校思想政治理论课网络信息化教学是一个必然趋势，时代潮流不可阻挡。高校思想政治理论课教师需要做的是扬长避短，发挥最大功效。

（四）凝结教学研究的成果

不少高校思想政治理论课教师在平时教学的过程中，也做过一些教学研究，但多是零散的、碎片的，这些只是想法、意识，没有进行深入的思考和系统整理，难以形成逻辑性较强的教学研究成果。实际上，凝结教学研究成果的过程，也是高校思想政治理论课教师再思考、再深化、再学习的过程。

其一，发表教学研究论文。做到边教学边研究，边整理，一个学期下来，课上完了，研究成果也就出来了，一举两得。其二，主持研究课题或项目。这是对某个问题有较为深入的研究，才能获得主持研究课题的机会，通常要求发表两篇以上的高质量文章，撰写研究报告等。其三，建设精品在线课程。现在基本都是要求在网络平台上建设精品在线课程，先建设校级精品在线课程，再到省级，乃至国家级。边建设边学习，边提高，课程建设永远在路上。其四，出版教材辅导书或专著。高校思想政治理论课的教材都要求统一使用教育部编写的统编教材，同时也鼓励各高校思想政治理论课教师集体编写教材的案例集、习题集等。鼓励有能力的教师潜心撰写专著，对某些教学或理论问题做深入探索与研究。其五，成果获奖。获奖不是目的，是研究到了一定阶段的自然产物，不是为了获奖而去进行思想政治理论课教学研究，而有对形成系统研究成果的一种鼓励。同时，也是对高校思想政治理论课教学辛勤探索的肯定，激发教师继续前进的动力。

---

[1] 陈春莲. 高职院校思想政治理论课信息化教学设计探索 [J]. 北京政法职业学院学报，2014 (2)：119.

总之，教学与研究对于高校思政课来说，是一个统一体。当然也不是说，两者必须平均用力。因为每位教师具有个性差异，每个人擅长的领域不尽相同。有的教师更擅长教学，有的则更擅长研究。教师自身的专业背景也不一样，有学思政专业的，也有学哲学、史学、法学等专业的，专业背景的不同也可能导致教师教学与研究的差异性。思政课教师可根据自身的特长和专业背景，选择以教学为主，研究为辅，还是反之。值得注意的是，无论以任何一方为主，另一方决不可偏废。

三、思想政治理论课教学研究实例

《基于教师网络空间的社会主义核心价值观教育方法创新研究》课题设计论证

（一）问题的提出、课题界定、国内外研究现状述评、选题意义与研究价值

1. 问题的提出

中共中央办公厅印发《关于培育和践行社会主义核心价值观的意见》，强调培育和践行社会主义核心价值观，是推进中国特色社会主义伟大事业、实现中华民族伟大复兴中国梦的战略任务，并明确提出要建设社会主义核心价值观的网上传播阵地。面对价值取向多元化的90后大学生，传统的教育方法越来越难以适应信息化时代发展的需要。物竞天择，适者生存，思想政治理论课教师如何运用90后大学生喜闻乐见的信息化手段，创新教育方法，增强大学生社会主义核心价值观教育的实效性，成为当前亟待解决的问题。

2. 课题界定

教师网络空间是指思想政治理论课教师在超星泛雅、世界大学城等网络教学平台上，建立以社会主义核心价值观为主题的网络空间，它包含视频、文字、图片等形式多样的资源，提供便利的参与、互动方式，具有开放性、即时性、交互性、形象性等特点。

社会主义核心价值观教育方法创新是指以教师网络空间为载体，将传统教育方式与信息化结合，运用自媒体化参与式、碎片化启发式、无界化体验式等适应信息化发展的新方法，开展社会主义核心价值观教育。

3. 国内外研究现状述评

（1）国内对社会主义核心价值观教育的理论研究成果丰富

当前众多学者从社会主义核心价值观教育模式、有效途径、实效性、教育环境的优化机制、心理接受机制、历史演进、新媒体对大学生社会主义核心价值观教育的影响及对策等方面进行了较为全面、深入的研究。如刘云山的《着力培育

和践行社会主义核心价值观》、冯留建的《社会主义核心价值观培育的路径探析》、张丁杰、曾贤贵的《论大学生社会主义核心价值观教育模式的构建》、田永静、陈树文的《加强大学生社会主义核心价值观教育有效途径探究》等。

（2）国外对网络学习的研究已成为当前一个研究热点。

以美国高校为主导的网络远程教育和视频课程资源建设通过互联网在世界范围内产生了广泛得影响。在可汗学院、慕课平台上，大学生可以自由、自主选择学习视频、自我评估、交流互动、分享观点。它们区别已往网络资源的最大的优势是不仅提供资源，而且实现了学习者的全程参与，从而使得大规模并且个性化的学习成为可能。

（3）信息化背景下的社会主义核心价值观教育方法研究亟待加强

当前部分思想政治理论课教师通过微博、微信、世界大学城等网络平台开展了社会主义核心价值观教育，取得了一定的成效，但教育方法缺乏创新，主要体现在：①教师网络空间互动意识不足，教育方法采用单向灌输式，造成学生被动参与，学生主动参与的积极性没有充分调动起来。②教师网络空间资源理论性强，体系严密，教育方法采用讲授式，缺乏生动、鲜活的事例，难以实现"不愤不启，不悱不发，举一隅不以三隅反，则不复也。"③教师空间局限于线上教育，注重理论教育，忽视引导学生实践体验。

4. 选题意义与研究价值

（1）运用信息化教育方法，有利于增强社会主义核心价值观的传播能力。

在信息技术高度发达的当今时代，谁的传播手段先进、传播能力强大，谁的价值观念就能广为流传。以教师网络空间为载体运用信息化教育方法，可以综合其他传播手段的所有优点，快速而有效地传播社会主义核心价值观。

（2）突出鲜明的价值导向，有利于培育和弘扬社会主义核心价值观。

当前我国已进入改革发展的关键时期，部分大学生不能正确看待社会主义初级阶段存在的矛盾和问题，再加上网络负面舆论的影响，如郭美美"恶名也是名"、王思聪"择偶标准就是胸大"等言论，严重影响了大学生对社会核心价值观的认同。本课题将紧贴大学生实际，使社会主义核心价值观内化于心、外化于行，成为大学生的价值追求和自觉行动。

（二）课题理论依据、研究目标、研究内容、研究假设、创新之处

1. 理论依据

（1）建构主义学习理论。在这一理论的指导下，以教师网络空间为载体，教师通过创新教育方法，引导学生在浏览空间、互动研讨、社会实践等过程中主动地建构社会主义核心价值观。

（2）网络教学理论。国外网络教学开始较早，已取得较为丰富的网络教学理论与实践成果，他们先进的网络教学理论和成功经验值得我们借鉴。

2. 研究目标

（1）厘清90后大学生价值观的特征、存在的问题、发展趋势。

（2）建设教师网络空间，创新社会主义核心价值观教育方法。

3. 研究内容

（1）多元化社会思潮背景下的大学生价值观调查。

世界范围内围绕发展模式和价值观念的竞争凸显，各种思想文化交流、交融、交锋日趋频繁，国内社会思想多元、多样、多变更加明显，严重影响了大学生对社会主义核心价值观的认同。与此同时，大学生由于家庭背景、理想信念、个人经历、认知程度等差异，价值观存在着较大差异。因此，只有掌握大学生价值观现状，才能有的放矢。课题组将进行大学生价值观问卷调查，从个性中找到共性，为创新社会主义核心价值观教育方法打下坚实基础。

（2）以社会主义核心价值观教育为主题的教师网络空间建设研究。

90后大学生是和互联网一起成长起来，他们对以往系统化、理论化的主流思想语言容易产生枯燥感、怠倦感，造成传统的灌输式教育的效果越来越弱。课题组将针对90后大学生特点，以教师网络空间为平台，理论结合实际，采用文字、图片、视频等形式多样的展现方式，建立一个与时俱进、内容丰富的社会主义核心价值观教育网络空间，造好"思想武器"、备足"精神食粮"，为创新社会主义核心价值观教育方法研究提供载体。

（3）社会主义核心价值观教育方法创新研究。

课题组将从三个方面开展研究：第一，自媒体化参与式，即创建适应信息化发展、人人可参与的学习环境，改变传统灌输式教育模式下学生参与度低的状况，借鉴自媒体时代的环境创建，让每一位学生能随时随地参与学习，让每一位学生成为信息的发布者、评论者。第二，碎片化启发式，即"不愤不启，不悱不发"，结合学生学习、生活中涉及价值观的实际问题，围绕一个文字案例、一组图片、一个微视频等碎片化资源，组织学生进行网络研讨，激发学生学习社会主义核心价值观的兴趣。第三，无界化体验式，即通过"随手拍"等活动，引导学生打破课堂局限，深入社会广泛开展道德实践、学雷锋志愿服务等活动。

4. 研究假设

教师网络空间是信息化发展的产物，它不仅能提供内容丰富的资源，而且能提供便利的参与方式，为开展自媒体化参与式、碎片化启发式、无界化体验式等符合信息化发展的教育方式的实施提供了载体，有利于创新社会主义核心价值观教育方法。

5. 创新之处

一是从信息化角度研究社会主义核心价值观教育方法，对自媒体化参与式、碎片化启发式、无界化体验式等传统教育所没有的涉及的领域进行深入研究。

二是以建设教师网络空间作为研究成果，相对与论文、专著等成果，对培育大学生的社会主义核心价值观具有更直接、更有效的影响。

（三）研究思路、研究方法、技术路线、实施步骤

1. 研究思路

首先联系大学生实际，通过问卷调查掌握90后大学生价值观现状，厘清90后大学生价值观的特征、存在的问题、发展趋势，从而为后续研究对奠定良好基础。然后理论联系实际，开展以社会主义核心价值观教育为主题的教师网络空间建设，并以此为载体，进行创新社会主义核心价值观教育方法实践研究。

2. 研究方法

（1）调查研究法。本课题将使用在线调研系统、纸质调查问卷、个案访谈等方式，对大学生价值观等进行深入而全面的调查，并以论文、报告等多种方法总结经验，逐步形成阶段性成果，为本课题的研究提供准确的第一手材料。

（2）文献研究法。当前大学生社会主义核心价值观教育已成为一个研究热点，已取得丰硕成果，本课题的研究必然会广泛收集相关文献资料，夯实理论基础。

（3）行动研究法。以课题组成员所在单位作为实践基地，通过以教师网络空间为载体，开展大学社会主义核心价值观教育实践，创新教育方法。从中总结出规律，提出对策和建议，以期为研究结论提供直观形象的实证材料。

3. 技术路线

本课题的技术路线：基本理论——研究假设——实证研究——研究结论。首先查找相关文献资料，提出研究假设并制订研究实施具体方案；其次选取研究样本，通过大学生价值观调查，总结90后大学生价值观的特征、存在的问题、发展趋势；最后寻找合适样本进行基于教师网络空间的社会主义核心价值观教育实践，创新教育方法，得出研究结论，并检验研究结论的可持续发展机制，推广本课题研究的成果。

4. 实施步骤

第一阶段（2016年6月1日—2016年6月30日）

规划设计阶段：组建课题组，落实专家论证、组织开题、具体分工与资料收集阶段。聘请专家作开题指导，制定具体实施计划，收集必要的研究资料，为开展研究提供必要的理论基础。

第二阶段（2016年7月1日—2017年3月31日）

研究阶段：课题组将进行90后大学生价值观现状问卷调查，对所有调查结果进行汇总，在此基础上，开展以社会主义核心价值观教育为主题的教师网络空间建设、教育实践，创新教育方法。课题组成员依据各自分工，完成各自阶段性任务，提出解决相应问题策略，形成阶段性成果：研究论文、网络空间。

第三阶段（2017年4月1日—2017年5月31日）

研究总结阶段：在前期分析和研究的基础上，收集整理有关资料，撰写研究报告，做好结题工作。

参考文献

[1] 新华社. 习近平：把思想政治工作贯穿教育教学全过程［EB/OL］. http://www.xinhuanet.com/politics/2016－12/08/c_1120082577.htm, 2016－12－08.

[2] 人民网. 习近平：在哲学社会科学工作座谈会上的讲话［EB/OL］. http://politics.people.com.cn/n1/2016/0518/c1024－28361421－2.html, 2016－05－18.

[3] 中国网. 习近平引用狄更斯名句纵论"经济全球化"［EB/OL］. http://news.china.com.cn/2017－01/17/content_40122759.htm, 2017－01－17.

[4] 习近平. 习近平在庆祝中国共产党成立95周年大会上的讲话［M］. 北京：人民出版社，2016：10.

[5] 人民网. "裸条借贷"衍生出色情产业链［EB/OL］. http://society.people.com.cn/n1/2016/1206/c1008－28927099.html, 2016－12－06.

[6] 叶松庆. 守望当代大学生的道德底线［J］. 青年研究，2003，(6)：39.

[7] 曹辉. 道德教育的生活本义及其回归路向［J］. 湖南师范大学教育科学学报，2015（3）：54－57.

[8] 苏振芳. 思想政治教育学［M］. 北京：北京社会科学文献出版社，2006：245.

[9] 陈玉砚. 教育评价学［M］. 北京：人民教育出版社，1999：97.

[10] 郝立新. 坚持"三个面向"，推进理论创新［N］. 人民日报，2015（7）.

[11] 人民网. 习近平谈改革：肉吃掉了，只剩难啃的骨头［EB/OL］. http://he.people.com.cn/n/2014/0211/c192235－20542047.html, 2014－02－11.

[12] 胡水星. 大数据及其关键技术的教育应用实证分析［J］. 远程教育杂志，2015，(5)：46－53.

[13] 柳礼泉，黄艳，张红明. 论思想政治理论课教学设计的基本环节与着力点［J］. 思想理论教育导刊，2009（4）：96.

[14] 张焕庭. 教育辞典［M］. 南京：江苏教育出版社，1989：726.

[15] 刑文利. 高校课堂教学的理论与实践［M］. 北京：中国文史出版社，2015：100.

[16] 王彦才，郭翠菊. 现代教师教学技能［M］. 北京：北京师范大学出版

社，2010：32.

[17] [苏] 瓦·阿·苏霍姆林斯基. 给教师的建议 [M]. 杜殿坤，译. 北京：教育科学出版社，1984：85.

[18] 列宁全集第55卷 [M]. 北京：人民出版社，1990：189.

[19] 毛泽东选集第1卷 [M]. 北京：人民出版社，1991：139.

[20] 李卫红. 大力探索高校思想政治理论课教学方法改革 [J]. 中国高等教育，2009（4）：6.

[21] 本书编写组. 毛泽东思想和中国特色社会主义理论体系概论 [M]. 北京：高等教育出版社，2018：3-255.

[22] 习近平. 在纪念邓小平同志诞辰110周年座谈会上的讲话 [M]. 北京：人民出版社，2014：21.

[23] 习近平. 习近平谈治国理政第二卷 [M]. 北京：外文出版社，2017：103-504.

[24] 毛泽东. 毛泽东选集第二卷 [M]. 北京：人民出版社，1991：637.

[25] 马克思恩格斯全集第18卷 [M]. 北京：人民出版社，1964：567.

[26] 列宁全集第6卷 [M]. 北京：人民出版社，1986：29.

[27] 周选亮. 专题式教学——高职"概论"课教学改革的重要途径 [J]. 太原城市职业技术学院学报，2009（6）：17.

[28] 张敏. 高职思想政治理论课实施专题式教学的思考 [J]. 湖南大众传媒职业技术学院学报，2012（3）：97-99.

[29] 郑金洲. 案例教学指南 [M]. 上海：华东师范大学出版社，2000：1.

[30] 杨慧民. 高校思想政治理论课案例教学法研究 [M]. 北京：高等教育出版社，2007：14.

[31] 姜大源. "学习领域"课程：概念、特征与问题——关于德国职业学校课程重大改革的思考. 外国教育研究，2003（1）：27

[32] [德] 约翰·弗里德里希·赫尔巴特. 赫尔巴特文集：教育学（卷一）[M]. 杭州：浙江教育出版社，2002：23.

[33] [美] Vernon F. Jones & Louise S. Jones. 全面课堂管理：创建一个共同的班集体 [M]. 方彤等译. 北京：中国轻工业出版社，2002.21.

[34] 魏青，桂世权等. 教育学 [M]. 成都：西南交通大学出版社，2006：261、262.

[35] 申继亮，刘加霞. 论教师的教学反思 [J]. 华东师范大学学报（教育科学版），2004（3）：44.

[36] 于海波，马云鹏. 论教学反思的内涵、向度和策略 [J]. 教育研究与实验，2006（6）：12.

[37] 吴舫. 教师教学反思行动的现状分析 [J]. 教学与管理，2011（3）：53.

［38］安富海．教学反思：内涵、影响因素与问题［J］．河北师范大学学报，2010（10）：80．

［39］屈一平．湖南"未来课堂"起步 空间教学有助解决误区［EB/OL］．http://edu.people.com.cn/n/2012/0702/c1053-18425824.html，2012-07-02．

［40］王键．云计算开创湖南教育信息化建设新局面［EB/OL］．http://www.worlduc.com/blog2012.aspx?bid=9022638，2012-6-16．

［41］刘洪宇．空间革命—高职院校开放发展的新起点［J］．长沙民政职业技术学院学报，2011（1）：8．

［42］李慧珠．浅谈碎片化学习的微资源的内容建设以及在教学中的运用—以电大《商务交际英语》课程为例［J］．新课程学习，2013（8）：150．

［43］顾国盛．当前大学生社会实践中存在的问题及对策［J］．学术探索，2012（3）：173．

［44］中共中央宣传部教育部关于进一步加强高等学校思想政治理论课教师队伍建设的意见（教社科［2008］5号）［EB/OL］．http://ggxy.hunnu.edu.cn/Department/InfoShow.aspx?keyId=686，2009-04-27．

［45］崔春．高职大学生课余阅读现状及导引［J］．当代青年研究，2009（8）：53．

［46］马可，张艳霞．正确发挥考评对大学生思想政治教育的作用［J］．山东干部函授大学学报，2008（5）：30．

［47］王茂胜．思想政治教育评价：一个亟需加强研究的课题［J］．思想理论教育，2007（3）：15．

［48］秦越存．对评价标准问题的思考［J］．学术交流，2007（7）：25．

［49］艾四林．健全体制 提升水平 打造优秀教学团队［J］．思想理论教育导刊，2010，（6）：10．

［50］王务均．搭建大学生网络思想政治教育平台的经验与做法［J］．思想理论教育导刊，2012（10）：89．

［51］人民网．日本公布2010年GDP比中国低4044亿美元［EB/OL］．http://world.people.com.cn/GB/13911618.html，2011-02-14．

［52］人民网．人民日报谈新常态：实质是进入中高速增长阶段［EB/OL］．http://www.chinanews.com/cj/2014/08-04/6457873.shtml，2015-01-25．

［53］张烁．习近平在全国高校思想政治工作会议上强调：把思想政治工作贯穿教育教学全过程，开创我国高等教育事业发展新局面［N］．人民日报，2016（9）．

［54］黄新民等．高校信息化课程资源开发和利用的原则与方式［J］．教育与职业，2007（9）：140．

［55］左明章等．困惑与突破：区域教师信息化教学能力培训实践研究［J］．

中国电化教育，2016（5）：105．［56］黄光扬．教育测量与评价［M］．上海：华东师范大学出版社，2002：139．

［57］施旭英，霍福广．马克思主义认识论与教学观的辩证关系［J］．南通大学学报：社会科学版，2014，30（6）：12．

［58］霍福广．关于实践定义的重新思考［J］．求索，1994（3）：67．

［59］罗晓梅．哲学社会科学理论要做到"三贴近"［J］．重庆社会科学，2003，（5）：14．

［60］吴绍禹，刘世华．论思想政治理论课实践教学的内涵及环节［J］．黑龙江高教研究，2008（5）：167．

［61］马克思恩格斯选集（第1卷）［M］．北京：人民出版社，1995：291．

［62］迪恩·R．斯彼德．绩效考评革命［M］．北京：东方出版社，2007：3．

［63］张耀灿，郑永廷等．现代思想政治教育学［M］．北京：人民出版社，2006：298．

［64］中共中央国务院．关于进一步加强和改进大学生思想政治教育的意见［N］．人民日报，2004 - 10 - 15（1）．

［65］R·M·加涅．学习的条件和教学论［M］．上海：华东师范大学出版社，1999：34．

［66］姜大源．职业教育学研究新论［M］．北京：教育科学出版社，2007：24．

［67］范唯，马树超．切实解决提升高职教育教学质量的关键问题［J］．中国高等教育，2006（24）：31．

［68］赵菊珊，马建离．高校青年教师教学能力培养与教学竞赛［J］．中国大学教育，2008，（1）：58 - 61．

［69］中宣部教育部．关于印发《普通高校思想政治理论课建设体系创新计划》的通知［Z］．教社科［2015］．

［70］钱伟长．大学必须拆除教学与科研之间的高墙［J］．群言，2003（10）：16．

［71］刘钰洁．高校"五育人"调查研究—以大理大学为例［D］．大理大学，2015．

［72］曹洪军．在科研改进中提高思想政治理论课教学质量［J］．华北理工大学学报（社会科学版），2017（5）：115．

［73］林建成，陈树文．政治理论课教师教学与科研的矛盾及其解决途径［J］．中国高教研究，2015（3）：2．

［74］李宝斌，许晓东．高校教师评价中教学科研失衡的实证与反思［J］．高等工程教育研究，2011（2）：77．

［75］蔡敏．美国著名大学教学评价的内容特征．外国教育研究［J］，2006（6）：26．

［76］张雷声. 马克思主义理论学科的科研类型和方法［J］. 思想理论教育，2015（10）：29.

［77］张敏. 高职思想政治理论课实施专题式教学的思考［J］. 湖南大众传媒职业技术学院学报，2011（6）：55.

［78］刘文平. 高职院校思想政治理论课专题式教学模式刍议［J］. 无锡职业技术学院学报，2009（6）：33.

［79］陈春莲. 高职院校思想政治理论课信息化教学设计探索［J］. 北京政法职业学院学报，2014（2）：119.